"抵御外侮——中华英豪传奇"丛书

丛书主编　张海鹏

抗英忠烈

葛云飞

阎受鹏　王和平◎著

南京出版传媒集团
南京出版社

图书在版编目(CIP)数据

抗英忠烈葛云飞 / 阎受鹏，王和平著. -- 南京 ：南京出版社，2020.6

（抵御外侮 ：中华英豪传奇）

ISBN 978-7-5533-2874-4

Ⅰ. ①抗… Ⅱ. ①阎…②王… Ⅲ. ①葛云飞(1789—1841)—传记 Ⅳ. ①K825.2

中国版本图书馆CIP数据核字(2020)第076950号

书　　名　抗英忠烈葛云飞
作　　者　阎受鹏　王和平
出版发行　南京出版传媒集团
　　　　　南 京 出 版 社
社址：南京市太平门街53号　　邮编：210016
网址：http://www.njcbs.cn　　电子信箱：njcbs1988@163.com
联系电话：025-83283893、83283864(营销)　025-83112257(编务)

出 版 人　项晓宁
出 品 人　卢海鸣
审　　稿　樊立文
责任编辑　王凤霞
封面设计　王　俊　石　慧
责任印制　杨福彬

排　　版　南京新洲印刷有限公司
印　　刷　江苏凤凰通达印刷有限公司
开　　本　787毫米×1092毫米　1/32
印　　张　5.125
字　　数　86千字
版　　次　2020年6月第1版
印　　次　2023年8月第3次印刷
书　　号　ISBN 978-7-5533-2874-4
定　　价　18.00元

编 委 会

总 序

在中华民族的历史上，沿海倭寇的肆意袭扰，西方列强的坚船利炮，侵华日军的烽火狼烟，一次又一次将中华民族推向生死存亡的边缘，给中华民族带来了深重的灾难与难以磨灭的痛苦记忆。中国从一个封建国家演变为一个半殖民地半封建国家。国运危亡，威胁着每一个中国人。

天下兴亡，匹夫有责。抵御外侮，救亡图存，成为面临外敌入侵、民族危亡时中国人思考的第一课题。也正是在这样的危难时刻，中华民族产生出一个又一个舍生取义、矢志报国的英雄豪杰，他们一回又一回地挽狂澜于既倒，扶大厦于将倾。他们的丰功伟绩，不只是单纯地拯救了某个王朝，某个皇帝，而是拯救了整个中华民族的血脉与希望；正像我们的国歌所唱的那样：把我们的血肉铸成新的长城，他们的奋斗和牺牲，把中国的历史命运一次一次推向一个进步的新阶段；他们的高风亮节，不只是中华儿女景仰、学习的榜样，也是人类不屈不挠、英勇抗暴精神的象征。抗敌御侮的英雄事迹，构成了中华优秀传统的新的篇章。

中华民族没有在外敌面前屈服、倒下，而是在一次一次斗争后走向新生，走向进步。作为唯一延续至今未曾中断过的中华文明不断在成长，中华民族依旧傲然挺立于世界民族之林，中华民族的文化传统，不仅没有消逝在历史长河之中，反而发扬光大，成为造就中国特色社会主义的基本历史因素。

为了歌颂中华英豪的爱国精神，为了纪念中国人民抵御外侮的伟大事迹，为了弘扬优秀的传统文化，南京出版传媒集团·南京出版社推出“抵御外侮——中华英豪传奇”丛书。

这套丛书是面向青少年的普及性读物，聘请各有所长的学者撰写，力图用生动活泼的语言，引人入胜的故事，准确的历史事实，努力展现明清以来各个时期抵御外侮的英雄豪杰的事迹，描绘每一位英豪的成长历程和闪光人生，再现了他们人生的不朽光辉。丛书通过这些在抵御外侮中发挥重大作用的英雄人物，向广大青少年表达了中华民族热爱和平、热爱祖国的家国情怀。

如今，我们正走在中华民族复兴的伟大征程之上，国家发展前程似锦，国际地位日益提高，全世界的目光都在转向中国，可以说，今天的中国距离中华民族复兴的伟大梦想，比以往任何时候都更为接近了。越是在这种时候，我们越是要记住为实现中华民族伟大梦想而奋斗、而牺牲的先烈；在我们昂首阔步走向未来新征程的路上，我们更应该居安思危、以史为鉴。历史已经证明：每一段抵御外侮的历史，都是一段维护正义的历史；每一场抵御外侮的斗争，都是一场维护和平的斗争；每一次抵御外侮的奋斗，都是一次为了实现人民美好生活的奋斗，正义终将胜利，和平终将胜利，人民终将胜利。

“抵御外侮——中华英豪传奇”丛书在传播正能量、弘扬爱国主义情怀的同时，提醒我们，在和平时期，抵御外侮的精神同样不可或缺，抵御外侮的英豪也同样不应遗忘，我们今时今日所有的成就与繁荣，离了这种精神、这些英豪，都是万万不可想象的。

“抵御外侮——中华英豪传奇”丛书，不只是为了缅怀先烈，更是为了激励后人；不只是为了铭记历史，更是为了展望未来。

为青少年编写历史小丛书，是一项崇高的事业。20 世纪 50—60 年代，吴晗主编了《中国历史小丛书》《世界历史小丛书》，对当时的青少年起到了历史教育的奠基作用，事实证明是成功的出版经验。我期待南京出版社继续努力，把这个崇高的事业承担起来，拓展开来。为这个崇高的事业投入人力、物力和财力，是会得到善报的，这个善报，不在多少金钱，而在一代一代具有丰富历史知识的青少年的成长，他们将成为国家的栋梁。

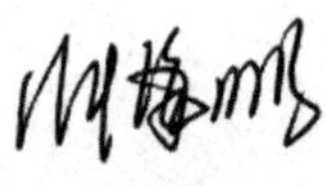

（中国社会科学院学部委员、中国史学会原会长）

目录

引　言/ 001

第一章　少年立志　精忠报国/ 004

第二章　惊涛剿匪　靖海安民/ 017

第三章　墨经从戎　临危受命/ 032

第四章　收复定海　加强防务/ 055

第五章　战火又起　三镇同心/ 081

第六章　危机重重　誓死血战/ 103

第七章　保卫定海　血洒海疆/ 119

第八章　浩然正气　天地长存/ 146

参考书目/ 150

引　言

走进舟山鸦片战争遗址公园，便走近了定海保卫战的那段历史。

公园入口处四根石柱静静地矗立着，中间一根气势凛然，围绕它的三根断柱长短不一。柱面上的坑洼，像是累累的伤痕，上面断续的文字，像是历经沧桑的老人在哭泣，在诉说……

从石柱间望去，公园门口那庄严的牌坊上，镌刻着一副异乎寻常的对联："那六天洒流五千人英雄血；这一仗打痛每一颗中国心。"

细读这段历史，你会发现——

鸦片战争的首战，在定海打响；

定海陷落后，英国的米字旗首次插在了中国第一座失陷城池的东大门上；

定海镇总兵张朝发与定海知县姚怀祥成为鸦片战争爆发后为国殉难的第一位总兵与知县；

舟山鸦片战争遗址公园中的断柱

定海民众顽强抗英，加上疫病在英军中流行，侵略者无奈放弃定海改占香港岛，为此，清政府钦差大臣琦善与英国政府全权代表义律双双下台；

英国为了获取更大的侵略利益，改派璞鼎查为主帅率英军再次北上侵占定海；

定海镇总兵葛云飞、处州镇总兵郑国鸿、寿春镇总兵王锡朋率5000多将士浴血奋战，三总兵同日阵亡；

至此，英军以定海为根据地，一路进犯镇海、宁波及镇江，迫使清廷签订了中国近代史上第一个丧权辱国的不平等条约——中英《南京条约》；

直至中英签订《退还舟山条约》，舟山才结束长达五年半之久的殖民岁月；

……

读懂了这些，你再吟诵对联，凝望石柱，便会发出感喟：这石柱是民族的脊梁！中间那根直冲云天的主柱，它象征中华民族与日月同辉的浩然正气！周围的三根断柱，则象征着葛云飞、王锡朋、郑国鸿三总兵宁折不弯的英雄气概。

一个民族不会忘记自己的英雄，一个国家大力弘扬赤子的爱国主义精神。为此，我们讴歌宁死不屈的抗英忠烈——葛云飞！

第一章　少年立志　精忠报国

一、自幼聪慧过人

清乾隆五十四年(1789)八月初九凌晨,在淡青转淡粉的天光下,一些头包花巾的妇女蹲在山头埠村河边的石级上淘米、洗菜。此时,葛家西厢房响起了一阵婴儿的啼哭声。葛承升仰望飘在空中的云彩,为自己刚出生的孩子取名云飞。

葛云飞7岁入同村陈绍洙先生的私塾,便显示出超乎常人的智力。

古代私塾先生喜欢给学生讲一点诗词和对联的知识。一次,陈绍洙念了一首明代开国皇帝朱元璋的打油诗《金鸡报晓》:"鸡叫一声撅一撅,鸡叫两声撅两撅。"学生们听了不禁笑出声来,几个调皮的学生竟学着公鸡啼鸣的样子,伸长了脖子,摇头晃脑。葛云飞却正襟危坐,全神贯注地等着先生念下去。

小贴士

山头埠：葛云飞出生的村子，曾是古代“山阴古道”必经之地，商旅云集的古商埠。人们在这里搭船去绍兴、杭州一带，故名“山头埠”。清代属绍兴府山阴县天乐乡，今属杭州市萧山区进化镇。村口的清葛壮节公故里表是杭州市文物保护单位。村中葛云飞纪念园里有纪念亭，亭中有葛云飞铜像和石碑，碑上镌刻着葛云飞在定海率领将士浴血抗英的英雄事迹。

“三声唤出扶桑来，打退残星与明月。”陈绍洙说出了后两句。

这下，顽童们都犯傻了。陈绍洙问：“这首打油诗好在哪里？”大家都知道后面不一般，但又说不出好在何处。

葛云飞站起来说：“这首打油诗虽然开头两句有些可笑，但后两句着实让人感到朱元璋那叱咤风云的气势非常人可比！”

陈绍洙听了连声夸赞：“对，对，云飞说得好！朱元璋自幼家境贫寒，识字不多，但他肯于戎马倥偬间抓紧学习，才有了一点文化。据说当年朱元璋吟出前两句时，不少大臣想笑而不敢笑出来，而当朱元璋吟出后两句，众人才大惊，面面相觑。”

陈绍洙要学生说一说自己读过的打油诗。别的学生抓耳挠腮，一时说不上，葛云飞说：“唐伯虎的《登山》与朱元璋的《金鸡报晓》有异曲同工之妙。”

陈绍洙点点头，说：“你说一说吧。”

“一次，唐伯虎与书童外出游玩，见路边一群人正在作诗，书童凑热闹挤进去。那些人想写一首以‘登山’作题的诗，一时想不出来，逗起了书童的兴致，提笔就写‘一上一上又一上，一上一上又一上’，连写了六个‘一上’后，卡住了，旁观的人都捧腹大笑。唐伯虎拿过笔，在后面添了两句‘一上直到高山上，五湖四海一眼望’。”云飞稍稍顿了一下继续说，“众人一见连声赞叹，点石成金，所有的‘一上’都闪耀着光芒，显示了努力攀登、非同一般的抱负呀！”

“朱元璋的《金鸡报晓》和唐伯虎的《登山》都是先俗后雅，”陈绍洙说完笑着指着院子里那棵高十余米、两枝“人”字形伸向苍穹的老梅树继续说，“一株老梅树，两个大枝丫。我先来两句俗的，你们说两句雅的吧。”

云飞略加思索，便吟道：“未结黄金果，先开白玉花。”

“不错，不错，”陈绍洙又问，“你还能说一说读过的打油诗吗?”云飞点一点头说:“能!”

接着，葛云飞又说了宋朝名相吕蒙正在入朝做官之前写的《过年》和《祭神》两首打油诗。

陈绍洙想，云飞这小家伙肚子里真的藏了不少东西！云飞的其他才能更使陈绍洙吃惊。

清葛壮节公故里表

一次，陈绍洙带领一群学生到村边的石堡山和大岩山春游，吟了句“春到会稽千山秀”叫学生对。云飞随即应声:“日照山阴百业兴。”陈绍洙微笑点头，又以家乡特产“嫩笋绿茶石斑鱼”让学生对，云飞对道:“干柴白米岩骨水。”陈绍洙看到山上卷曲的蕨菜，又即兴吟了句上联“凤尾草叶麒麟角”叫学生对下联，其他人目光迷茫，默不作声，而年龄最小的葛云飞指着龙须笋，笑吟吟地对曰:“龙须笋壳虎皮斑。”陈绍洙一听，不禁心中暗暗赞叹:“这孩子真不一般!”

他想再试一下葛云飞的才能。时近傍晚,蒙蒙细雨飘飘洒洒,忽见路畔草丛间飞出一只萤火虫,陈绍洙吟出应景的上联:“雨打萤灯真水泼打假火。”其他学生哑口无言,陈绍洙抚摸着云飞的头顶问:“你能对下联吗?”

葛云飞望着悬挂在大岩寺翘檐上的铜铃,对曰:“风吹铜铃大气激发微音。”

陈绍洙听了叹道:“这孩子的前程不可限量啊!”

葛云飞之所以能成为英雄,不是仅仅因为聪明,而是最初环境塑造的。

二、贤母教子有方

葛云飞有一位好母亲。母亲张氏是他幼年时的启蒙老师。

父亲葛承升常年领兵驻守江淮和浙江黄岩等地,没几天在家。幼年的云飞靠母亲张氏养育教导。张氏出身于书香门第,其父张再明是国子监学生,因此她幼时受过父亲忠孝节义的教育,少年时便饱读经书,擅长诗文,具有一定的文学素养。婚后,她生育了廷仪、廷燮、廷杰、云飞、云敖等五子和一女,她深爱着这几个孩子,而对云飞，则更加珍爱。云飞三四岁时，她就教他认字块，练习书法。从 5 岁开始，张氏便教他读《三字经》《百家姓》和《千字文》，吟诵古诗词。张氏还按照古诗词画出各种人物、山水、花草和房屋。在幼小的葛云飞心中，母亲是个很有本领的人。她还专门请人给云飞做了一只盛字块的小柳斗，叫来左邻右舍的小朋友与云飞做益智游戏——把古诗词一个字一个字写在方形厚纸片上，然后打乱，看谁最先准确地拼好一句或一首完整的诗词。童年的云飞具有惊人记忆力，总是他最先拼好，同龄的小伙伴们十分羡慕。

小贴士

国子监：我国封建时代最高的教育管理机构，有的朝代兼为最高学府。晋武帝司马炎始设国子学，至隋炀帝时，改为国子监。唐、宋时期，国子监作为国家教育管理机构，统辖其下设的国子、太学、四门等学。元代初设国子监，属集贤院。明、清两代，国子监兼有国家教育管理机构和最高学府的双重性质。

那时节，葛母还给孩子们每人一本用白纸订成的小本子。她每天在这些小本子上，按着《白香词谱》中的顺序，端正地抄上一首词。

小贴士

《**白香词谱**》：一本词作品集，由清朝嘉庆年间靖安人舒梦兰编选的一些唐朝到清朝的词作，共100篇，所选词作比较著名或艺术性较高，有不少历久传诵不衰的名作。它兼收并蓄，不主一家，既收婉约，也收豪放，小令、中调、长调均有，每调还详细列注平仄韵读，是一本不可多得的选本，也是一本较佳的词学入门读物。

晚上，葛母柔声地读着这些词句，并为孩子们讲解。云飞按母亲的吩咐每日背熟一首词。他此时虽然未必能完全理解词义，但他从来不曾因为母亲这样引导而感到厌烦，他总觉得在母亲身边读诗背词是一件十分快乐的事。

云飞的母亲精心、执着地教育，让儿子继承民族传统的美德。

葛家本来就不富裕，加上子女众多，家境便格外窘迫。葛母含辛茹苦地抚育着子女长大。她常常伴着一盏微弱的油灯，彻夜赶工，纺线织布、绣花剪纸，出售以补贴家用。

萧山葛云飞纪念馆

葛云飞入仕后，家境逐渐好转，葛母要求云飞不论官居几品，总须两袖清风。葛母还别出心裁地创设了葛家“过年团圆素饭”，即除夕夜以青菜豆腐加几盘冬笋豆芽会餐。葛母的言传身教，深入云飞的骨髓。他一生勤俭，无论为官为民，总是粗茶淡饭及布衣，并且始终不忘参加农事劳动，回乡一有空暇便往田间劳作。

葛母还经常向幼年云飞讲述历代英雄的事迹。云飞总是绕膝静静地坐着，聚精会神地听着，不知疲倦。家里的壁龛里，供奉着一尊相貌端庄、正气凛然的岳飞彩色塑像。云飞立志要做岳飞那样的忠臣。

葛母不仅培养云飞的爱国情怀，还让云飞从小就知道人生需要挑战，生命不能在平静中失色。

三月的江南，草长莺飞。一天，葛母带着云飞到会稽山麓放纸鸢，看见天空中有一只雄鹰高飞，便问云飞："老鹰怎样才能领略天穹绮丽的风光？"

"搏击长空！"

"高山缘何成为登山者的目标？"

"因为高山直冲霄汉。"

"大海怎么会成为舵手朝思暮想的地方？"

"那是因为大海浩瀚无垠。"

"是呀！"葛母抚摸着云飞的额头，谆谆告诫，"做人应当志存高远，奋发有为。"

葛云飞听后，点点头说："孩儿明白了！"

少年云飞身体瘦削，为了使自己体魄强健，每日凌晨便至庭院抓练功石墩，一下又一下挺举，尽管腰肢酸麻，手膀肿痛也不歇息，不到二百下不放石墩。日复一日，年复一年，不仅增强了体质，也铸就了不屈不挠的性格和坚韧不拔的意志。

三、猎场的故事

在贤母的教诲与山阴名士陈绍洙、陈南翰的辅导下，如果不发生猎场事件，呈现在我们眼前的可能不是指挥千军的将领，而是玉树临风的儒生。历史的天空中围绕着屈原、杜甫、李白、苏轼等闪烁的文学星辰，也许会增加葛云飞一颗。然而，他转弯了，转向"弃儒为将"之路，是谁引导他改变人生之途的呢？

嘉庆九年(1804)三月，葛云飞父亲葛承升，刚升任江南长淮卫四帮领运千总，离赴任还有几天，便邀集十几位葛氏族人打猎。

小贴士

千总：清代绿营兵下级军官。即基层组织"汛"的领兵官，正六品。掌巡守营、哨汛地。又漕运总督辖下各卫和守御所分设千总，统率运军领运漕粮，称为"卫千总""守御所千总"。京师内九门、外七门，每门设千总把守，称为"门千总"。又四川、云南等省的土司中有千总一职，称"土千总"。

那天，葛承升率领族人来到大岩山。只见前方丛林飞起一只雉鸡，葛云飞开弓一箭嗖地将半空中的雉鸡射了下来。葛承升不禁暗暗喝彩，他正想趁打猎的机会观察一下云飞的功夫。

忽地，十几只猎狗一起狂吠起来，家丁们高声喊叫：“一个大东西来啦！”

葛承升抬眼一望，一只二三百斤重的野猪从山林中跑出来，冲向葛云飞。葛承升大声呼叫：“云飞小心！”

云飞镇定自若，挽弓搭箭，嗖地射去，不偏不倚，箭头穿透野猪的咽喉。那野猪挣扎着还想往前冲，云飞又是一箭，那野猪摇晃了几下，终于咚地倒在地上。

“好！”葛承升见云飞射技熟练，次次皆中猎物的要害，不禁欣喜异常地说。他还想试一试儿子的膂力，便问云飞：“你敢用我的硬弓吗？”云飞高兴地说：“让孩儿试一试吧！”

前方三十丈开外有一座巨岩，葛承升叫人在岩上放置六截短木，云飞从父亲手中接过硬弓，抿嘴运气，拉弓射箭，箭到处短木滚落地下，六发六中。“好！好！”族人们一阵阵喝彩声久久地回荡在山谷中。

葛承升惊喜不已，对云飞说：“此弓重六钧，你能拉开这样的硬弓，而且箭箭命中，实在不差！”

葛云飞生长的时代，清廷已趋于衰落，治世重文臣，乱世赖武将。葛承升对云飞说：“我幸运地中武举后，披盔戴甲，为国家效劳，儿当弃儒为将，继承父志，必将更有长进。勉之，勉之！”

父子俩坐在大岩山的岩石上，促膝长谈。葛承升对读书与为将的关系有一段精彩的议论：“读书能使人明白事理，是为将立身之本，而掌握武艺，是为将必须具备的技能。”云飞肃然起敬，俯身跪地说：“父亲的教诲刻骨铭心！”

葛云飞熟读经史而又有很高的文学修养，留存下来的诗文有几十卷。像葛云飞那样，武科举出身，走上仕途，文武兼通，在清代武官中凤毛麟角。

清代军官的来源主要有两类：一是行伍出身，由士兵论军功一级级被擢拔，二是武科举出身，由下级军官逐级晋升。行伍出身者，今日容易理解，而武科举需要稍做介绍。清代科举分文、武两类。武科举亦如同文科举分童试、乡试、会试、殿试四级考试，考中者有武秀才、武举人、武进士的称号。武科举与文科举不同之处在于考试时分外场、内场。外场考骑射、步射、拉硬弓、举石、舞刀诸项。而至嘉庆年间，内场仅默写《武经七书》百余字，形同虚设，外场才是真正竞争场所，道光帝更明确下旨“武科之设，以外场为主”，并将武科举名次集中于一项，即拉硬弓。他们以膂力为选择军官的标准，不识字的泥瓦匠只要臂膀粗，有气力，也能考中武庠。

小贴士

武庠：相当于武秀才。古代学校称庠，故学生称庠生。庠生亦为科举制度中府、州、县学的生员的别称，统称秀才。相对于武庠，文庠即文秀才。

当我们明白清代武科举考试重在外场较量膂力，也就理解何以在葛云飞故乡山阴没有流传像岳飞那样拜周侗为师练武习艺的故事，只有摆在舟山晓峰岭上三忠祠里一个刻着“丙子”两字的300斤重的石墩。不过，从那个石礅上，我们依然可以想象葛云飞当年练武是何等勤奋！

云飞与父亲在大岩山猎场约定：用功十年后去参加武科举考试。之后他长年闻鸡鸣便早起举石墩练臂力，那青黑色坚硬如铁的花岗岩石墩的边角，经过多少次皮肉的摩擦，才磨得如今天所见的那般细腻光滑！抓手之处经过多少次抓捏才磨出那道深深的指痕！葛云飞没有辜负父亲的期冀。他按照父亲在大岩山猎场指点的“弃儒为将”的建议去做，而且做得成绩斐然。

第二章　惊涛剿匪　靖海安民

一、血　债

葛云飞 30 岁中武举人，35 岁考上武进士，殿试排三甲第 21 名。入伍后，从下级军官被擢升 5 次，晋升定海镇总兵。他率领士兵在黄岩、瑞安、下浦等地闯龙潭虎穴，一个个关于葛云飞非凡勇敢剿匪靖海的故事流传至今。

道光七年(1827)夏，黄岩镇标中营守备葛云飞，腰悬宝剑，目光炯炯地看着营官张绍廷教练士兵劈刺。

小贴士

标中营守备：清朝正五品武官。清朝绿营编制中，各省提督直辖的绿营官兵，称为“提标”。凡提标均置中军参将一员，主掌全标营务。参将的副职为游击，游击以下有都司，都司以下就是标中营守备。

忽听一阵急促的马蹄声由远而近，一名士兵从马上跃下，气喘吁吁跑到葛云飞跟前，行半跪礼，递给葛云飞一张字条，并说："小人受总兵大人差遣，送上这份命令！"

葛云飞将字条迅速展开，两眼紧盯着这份命令：

葛守备：

据军探报告，匪首陈兆龙集百余人，昨夜（六月廿五日）子时，突窜至黄琅沙头角村，大肆烧杀抢劫，命你火速率领标营士兵，围剿股匪。

总兵：罗光照

道光七年六月廿六日

葛云飞跳上练兵场高坛说："整队！向黄琅沙头角村前进！"命令激起暴雨般的脚步声，一路尘土冲天飞扬。

葛云飞率队至黄琅沙头角村的东边，想要扼住海匪出村的要道。

眼前的沙头角村，一片熊熊大火，浓烟冲天，葛云飞判定海匪可能正要逃窜或已经逃窜。未松缓片刻，他一声令下，士兵们向村中冲去，刹那间，没入浓烟之中。

迟了！天亮前，海匪已经逃窜。

沙头角村景象惨不忍睹，令人胆寒。熊熊的火焰吞噬着一间间渔舍，倒塌的梁上冒着一缕缕浓烟，草垛、柴木都在燃烧。牛、猪被烧得黑乎乎的，发出吱吱的响声，一股腥臭的气味刺鼻而来。云飞将手一挥，高喊：“救火！”士兵们纷纷与无情的大火搏斗。

葛云飞顶着浓烟烈火查看各处受害情况。村子的晒场上有七八具尸体，有老人，有小孩，还有妇女，他们是被刀砍死的。

云飞向前走了几步，转过一堵黄泥墙，看到了更加触目惊心的惨状。古井旁的香樟树枝头上，挂着五颗血淋淋的人头，个个咬牙瞪目。人头旁边，悬挂着一块长长的布条，上面写了七个大字：“通风报警者下场。”

葛云飞一看到这样的惨景，两眼冒火。他至黄岩镇任职后，在沿海的一些乡村建立哨所，并组织义勇民壮，在高处值班瞭望，见洋面出现绿色船只身影，就立刻点火报警，敲锣传呼：“‘绿壳’来了！”眼前被杀的正是数日前向葛云飞报警的义勇民壮。那天，葛云飞正在巡营查哨，忽见远处跑来五名民壮，并听见大声呼喊：“绿壳！绿壳！”

浙、闽、粤沿海一带海匪嚣张已久。宁波、温州及台州老百姓说起“绿壳”，都惊恐万分。

小贴士

绿壳：海匪，因海匪船只惯常以绿色油漆涂抹船舱壁，故用绿壳船指强盗船，"绿壳"就成了宁波、温州、台州各地民众对海匪约定俗成的称谓。清道光年间，浙、闽沿海盗匪在波涛中出没，焚劫渔村，还绑架妇女、老人、小孩为人质进行勒索，如不能及时交付钱、货物赎票，海匪就撕肉票，惨无人道，令人发指。

葛云飞一问，得知海匪进犯沙头角村，便急忙率领士兵奔向沙头角村，追至海滩与"绿壳"展开了一场鏖战，斩杀陈兆虎等十余名惯匪。

所以，昨夜，"绿壳"突击沙头角村，进行疯狂报复。

士兵们整理完老百姓的尸体，默默地列队致哀。葛云飞深深地鞠了一躬，向聚集身旁眼里充满愤恨的村民，含着泪说："父老乡亲，葛某誓死报这场血海深仇！"他恨不得立刻抓住罪魁祸首。他坐在村口的一块石头上，写信禀告罗总兵：

罗大人：

海匪已于丑时前逃窜下海，我将赴洋巡缉，务必剿灭这股盗贼。

属下　葛云飞拜上

道光七年六月廿六日

仇恨的怒涛拍击着胸口，葛云飞默默地思考着歼灭十恶不赦海匪的计划。

二、除夕撒网

葛云飞派出船只，梳理着台州湾外的积谷洋、猫头洋、披山洋一道道弯弯曲曲的港湾，整整搜了半个月，梳理了好几遍，可是一无所获。葛云飞夜不能寐、茶饭不思，寻找着关于海匪的线索。

道光七年(1827)岁末，一天大清早，黄岩集市就热闹起来，在通向市场的路上，有一些商贩用沙哑的声音叫卖："蜜甜的黄岩柑橘！"

进了市场，愈加热闹了。各种货物布满狭小的通道。由于长年沿袭的传统，各种货物都在固定的地段摆摊叫卖。

可葛云飞偏偏在气味难闻的海鲜摊边徘徊，而对集市别的摊位不感兴趣。他看了一遍又一遍，仿佛寻觅着什么。他心头忽地一亮，轻轻地自语：“哦，钻在这个岛啊！”

自在黄琅沙头角村屠杀抢劫后，那些海匪仿佛在海上蒸发。近日，匪盗不知从什么地方又冒了出来，渔船几次遭劫。葛云飞派船打探，茫茫大海，一时难觅踪迹。

葛云飞走访集市，正是寻找海匪隐遁的蛛丝马迹。他回到军营，问出生于台州的校尉蒋显春：“你去过鹰嘴岛吗？”

蒋显春点点头，说：“去过，去过！鹰嘴岛的每一块石头我都熟悉。”葛云飞微笑着说：“那你说一下吧。”

“那年，村里一个恶霸，强奸了我妻子，妻子上吊自尽。我杀了恶霸，离家逃难，独自一人上过鹰嘴岛，采海蛎子，捉弹涂鱼，待了好几天！鹰嘴岛四周烟波浩渺，岛顶有一块大岩石，弯曲如钩，煞像鹰嘴。站在鹰嘴石下仰头向上望，真吓人，那高悬的巨石罩在头上，看不见天，冷飕飕，阴森森。大岩石下有一条石缝，春秋晴天早晨，能吐出一缕缕淡蓝的雾气。石缝旁有一个石头洞，洞口朝正东，面对大海，洞里能摆十多张八仙桌，足有七八间房子那么大，洞里又有两个小洞，一个通向岛顶，一个通向地下，里面黑乎乎的，谁也不敢去钻这个地穴。洞底还有一个石孔，滴着水珠，汇聚成一泓碧潭。”蒋显春说。

葛云飞听完蒋显春的话，拍着他的背说：“你立功的机会来了!”

将士们方休息,军营响起了骤雨般的鼓点,将士们急速整装在操场列队。

“到哪里去呀?今天除夕,是千家万户团圆的日子,难道还要出发吗?”士兵们问,脸上满是疑惑的神情。

葛云飞站在操场的土台上,以坚定的语气命令:“出发!”

兵船乔装成商船,列队扬起帆篷,驶出港口,由蒋显春当向导,直捣鹰嘴岛。

傍晚,金黄色的阳光照进鹰嘴岩洞。匪首黑老鸥蜷着身子,躺在洞底的大石上抽着大烟。洞的另一边,匪徒们在推牌九、挖花,吆五喝六地吵闹着。

“大哥!”匪徒头目陈兆龙走到黑老鸥跟前,一嗅到大烟味,顾不上说话,连忙把脖子一缩,两个鼻孔一张,吸嗅着黑老鸥喷出来的残烟,最后活像过足了瘾似的咂了咂嘴说,“酒饭已做好,团圆宴可以开始了吗?”黑老鸥抬了抬烟枪,直起腰杆说:“开吧!”

“真香啊!”匪徒们不住地抽着鼻子,吸嗅着满洞的酒肉香味,有的从早晨就没吃饭,留着肚子,等着晚上的团圆宴。

“兄弟们,风风雨雨跟我一年,今晚我陪你们喝几碗吧!”黑老鸥举起青花大碗,匪徒们都把大碗举过头顶,齐声吆喝:“祝大哥福寿绵长!”在一片碰碗声中,匪徒们仰着脖子，把一碗又一碗酒灌进肚子。岩洞里，匪徒们全都沉迷在狂饮之中。

葛云飞的船队在烟波浩渺的海上航行，天海相连之处隐隐约约地浮现出诡异的鹰嘴岛。葛云飞将剑一挥，命船队满帆疾驰。子夜，船队悄悄地靠拢那神秘的孤岛，团团将它围住。

少顷，岛上亮起了一盏红灯。葛云飞知道上岛侦察的蒋显春和张绍廷已干掉了匪哨，他便指挥士兵上岛。鹰嘴岛四周岩石峥嵘，士兵们沿着悬崖攀登，冲入洞中，只见海盗一个个烂醉如泥、横七竖八地瘫在地上，没花多大力气，便将海盗一个个擒住。

匪徒们做梦也没想到，选在这么偏远的孤岛上过年，官兵会突然降临。

可葛云飞并不太高兴，而且感到遗憾。他在清点擒获的海匪时，没有发现匪首黑老鹞。仔细察看岩洞，见通向地下的那个石穴口边的岩石上端，绑着一条垂向穴底的长绳子。葛云飞叫一名身手矫健的士兵沿绳子而下，那穴底的出口竟然是海面，黑老鹞真的比一般匪徒多长了一个心眼。

大年初一拂晓，僚属们纷纷来贺新年，听到葛云飞入海捕盗的消息，都大吃一惊。

午后，葛云飞与士兵们从海上归来，马前紮陈兆龙、李欲等数十名大盗。他将所得的器用财货散赏士兵，大伙皆高兴地叩头感谢。

僚属们惊奇地问葛云飞："缘何知道盗贼聚集该岛？"

云飞笑着说："海蜒最细者出自此山下，目前正是产海蜒季节。我近日遍访海产集市，海蜒绝迹，我料此山一定被盗贼占领，因而渔船不敢近前。平时缉盗，盗贼得知消息，四散逃逸，难以尽获，白白地苦了将士。除夕，盗贼聚于洞中，又以为我不会出海，故不做戒备，肆无忌惮酣饮，被我出其不意聚歼。"

僚属们听后，无不为云飞的神机妙算而折服。

尔后，葛云飞又剿灭了南麂岛（盗匪的最后巢穴）上的匪徒。

小贴士

南麂岛：孤悬海外，是清末浙南著名的匪窝。岛峰高插蓝天，从八九十里开外海面就能看得见它。岛上有数不清的洞窟，洞口覆盖着柴荆和青草，仿佛垂挂着浓密的帘子。深的洞穿透岛腹，足可容纳七八十人。

从此，浙南劫案消失，海上陆上一片安宁。

三、晋升定海镇总兵

道光十七年(1837),清廷水师总兵乏人。八月,道光帝在圆明园召见了葛云飞,询问海情,并嘉勉他安定海疆的功劳。道光帝鼓励葛云飞:“再接再厉,严紧操防。”

葛云飞回奏:“臣当披肝沥胆,保卫海疆,不敢有半点懈怠!”道光十八年三月,葛云飞署定海镇总兵。

葛云飞画像

小贴士

定海：在清康熙二十六年(1687)之前，当时的定海还叫舟山。因当时海禁，舟山还未设立县治。康熙二十五年，总兵黄大来会同总督和巡抚上疏，请求在舟山设立县治。次年，康熙帝认为“舟”是动的物体，还不如以“定”为好，“海定则波宁”，并御笔亲题“定海山”三字，于是将舟山改为定海山。康熙二十七年，建定海县(原定海县改为镇海县)。但由于历史原因，当时的外国人大多称舟山或舟山群岛。现定海撤县设区，隶属舟山市。

葛云飞到任当天，便走访当地海客故老，了解匪情。老人们连声叹气：“‘绿壳’作乱，是气数，是天意，在劫难逃啊！”

舟山群岛港汊交错，岛屿连环，官兵就是治不了“绿壳”。

葛云飞雷厉风行地剿匪，北至嵊泗，南至象山，逐岛清查。挑选当地丁壮，组织义勇队，在岛屿高处设哨瞭望，发现匪情便点火或敲锣报警。至今，虾峙、六横、桃花、东极等地还流传着当年义勇队抗击海匪的故事。两个月后，海面便渐渐安定了。

数月来，栉风沐雨，颠簸浪涛之中，疲惫深深地侵袭着葛云飞的身心。此时，山阴传来父亲书信。葛承升已告老还乡，母亲张氏也身体不适。事父母至孝的云飞，闻讯便立即回乡看望父母。时值仲夏。倦累的葛云飞受了暑气的侵扰，染上痢疾，卧床不起，数天滴水不进。

此时，浙江沿海又爆发震惊江南的匪情。

福建海盗船百余艘，结队闯入浙江海面。一月间，全省各处发生多起杀人放火劫案，总督、巡抚、提督飞传500里羽檄至山阴，委任葛云飞统领三镇兵船，总巡全浙洋面。

小贴士

羽檄：古代军事文书，插鸟羽以示紧急，必须迅速传递。在汉代的简册制度中，官文书所用简长2尺，称之为“檄”。这里的“尺”是汉尺，相等于23.5厘米。“檄”多在上下级、平级之间互相通用。传递军情一般都写在“檄”上，如果在其上插雉羽，则表示万分危急，欲其急行如飞，称之为“羽书”或“羽檄”。

葛云飞见信，立即从病榻上吃力地直起身子，用发抖的手握笔回书驰告总督、巡抚、提督马上启程。

夫人金氏见葛云飞脸色憔悴，骨瘦如柴，额上滚下大滴的汗珠，心疼地说："夫君再休养几天吧！"葛承升说："云飞受国家重恩，数年之间，由偏裨升至总兵，不能辜负国家的信任啊！"云飞毅然从床上跳下，抚着胸口，对父亲说："儿寸心自誓，尽瘁为国，一息尚存，岂敢偷安！"

告别父母妻子，葛云飞风雨兼程，四天四夜奔走数百里，痢疾加剧，腹泻不止，腰酸腿疼。他顾不上医治，立即带兵出海，传令各营按规定日期集结瑞安洋的凤凰山待命。

限时一到，全浙水师毕至。

云飞将应行事件，一一晓谕，命令各自所管境内严行缉捕，并再三申严纪律："违我令者，军法从事。"

一日，云飞带病巡洋，忽然昏厥，咚地倒在船舱。在旁边的人大惊失色，赶紧将他扶起来，呼唤了一阵才苏醒过来。亲兵们流着眼泪请他登岸养病，可是他一睁开眼睛便说："职责所在，死也不能离开啊！"黄岩镇总兵邵永福闻讯前往慰问，并劝他到衙署稍事休息。云飞说："我少时就以身许国，如今已入天命之年，应该明白病得这般厉害，还有几天可为国效力啊，只要还有一口气，就要为国尽一日之力，这样死了才能瞑目！”大家听了无不感动得落下泪水。

各营将兵知道云飞办事认真，都不敢敷衍塞责。三镇总兵率领兵船，不分昼夜往来查察。由此，不到半月，盗贼消失，浙江沿海数千里海面恢复了往日的安宁。

然而，此时令葛云飞更为不安的“红毛”海盗，突至浙洋，来去飘忽不定，居心叵测。道光十八年(1838)十月，他向上司吁请警惕海上夷情，早做防范：“虎门销烟后，夷人失利，必妄思滋扰。近粤省果有夷船滋事之信，万一属实，闽浙洋面一水相通，转瞬南风当令，倘使顺帆北上，沿海一带有危。夷人狡狯成性……要做好战备，谋定、心定，不致临时失措。某受朝廷恩厚，睹此情状，不敢避嫌缄默，所以屡次为言……”

葛云飞为安定海疆真是操碎了心！

次年正月，葛云飞丧父，噩耗传来，他痛不欲生。同僚劝他节哀，他哭着说：“我去年来瑞安，父亲送至门外，再三叮嘱‘儿当竭力报皇上，无以老父母为念’言犹在耳，而今父亲撒手人寰，思之更觉痛心啊！”

按照清代旧例，葛云飞怀着满腹的海事忧虑回到故乡，丁忧守孝。

小贴士

丁忧守孝：根据儒家传统的孝道观念，朝廷官员在位期间，如若父母去世，则无论此人任何官何职，从得知丧事的那一天起，必须辞官回到祖籍，为父母守制 27 个月。

第三章 墨绖从戎 临危受命

一、葛云飞担心的事来了

葛云飞担心的事果然来了。

在鸦片的巨大利益被突然剥夺的刺痛下，道光二十年三月初九(1840 年 4 月 10 日)，英国议会以 271 票对 262 票的 9 票优势，通过了一份扭曲的战争决议："对于中国人的侵害行为，必须得到满足与赔偿，以此目的捕获中国船舶及货物，自属正当，如中国政府承认赔偿，并行让步，则英政府不为复仇而战争。"

英政府决定任命懿律和义律为正、副全权代表；任命懿律为远征军总司令；任命伯麦准将为远征军海军司令，布尔利上校为远征军陆军司令。

战争的阴霾笼罩着定海。

1840 年 6 月 21 日，由印度开来的英国远征军部分舰队到达珠江口外。次日晚上起，英国远征军海军司令伯麦率领“威厘士厘”号等舰船 29 艘从澳门一带水域出发，沿中国海岸北上，直趋定海。6 月 28 日，英军根据其战略部署封锁了珠江口。

6 月 30 日，英军舰队出现在舟山群岛南端的南韭山岛，当时正在巡洋的定海清军把总古万麟发现，立即向定海镇总兵张朝发禀报。

此时，定海清军因不明英军意图，对其入境的舰船未开炮抵御。

自 7 月 2 日起，英军舰船陆续驶入定海道头港，共有战舰 5 艘，武装汽轮船 2 艘，运输船 10 余艘，载运陆军第十八团、二十六团、四十九团等部约 4000 名士兵。

此时，有人向知县姚怀祥报告，说有大批夷船进港。姚便去见总兵张朝发。张朝发丝毫未觉察事态的严重性，宽慰姚知县说：“我早得消息，已派人前往侦察，夷船被风吹来是常有之事，不足惊讶！”

强敌压境，定海守军还不知道对方来干什么。

7 月 4 日下午，英军派“威厘士厘”号舰长赴张朝发总兵之战船，勒令清军交出县城及全岛，并下达了战书，要求在 7 月 5 日下午 2 时前开城投降，否则开炮攻城。这时，守军才明白英军侵入定海的真正目的。

小贴士

姚怀祥：字斯征，号履堂，福建省侯官县(今福州)人，林则徐的同乡。他是鸦片战争中第一位以身殉国的知县。

张朝发：福建惠安人，少时当过渔行小工，壮年从军，投福建水师提督李长庚麾下，剿海匪屡建战功，从士卒升至游击，被擢任定海镇总兵。这位渔民出身的爱国将领，虽从未见识过世界上精锐的海军，但凭着自己过去剿匪、缉私无往而不胜的经验，英勇地与敌奋战，受伤后被部属救起，因伤势过重以身殉职。

1840年7月5日，京城的一切与往常一模一样。

这一天，刚刚丧妻的道光帝，遵循祖制家法，照例“诣绮春园问皇太后安”，然后，回宫处理日常的公务。此时，远离京城数千里的浙江省定海县，已是一片炮声隆隆，笼罩于呛人的硝烟之中了。

那天上午，英军所有的运输船只都进入港口，做好登陆的准备，野战炮也昂起了头，战船上的旋转炮也调整了射角对准了中国人仓促修起来的几个炮台。“定海居民得知战争的灾祸即将来临，纷纷携带包袱向内地蜂拥而去”，乘船逃往乍浦或者上海等地。

英兵瞧见东岳山炮台上飘展着旗帜，不由喊喊喳喳地议论起来：“那些破铜烂铁的大炮，能打得到这里吗？”“打得到也射不准啦！”“炮弹不会开花，像个铁锤，哈哈……”

马德拉斯炮兵队安突德上尉耸耸肩膀，摆出权威的架势说：“我早测量过了，绝对射不到这里。”

总兵张朝发急忙调集城外各营兵丁在定海道头港布阵，当时已集结大小战船共21艘，船上兵丁940名，陆路兵丁600名。总兵指挥士兵在海堤旁用麻布沙包和帆布沙袋修筑掩体，材料不够，只好将库里的米包扛出来，垒在胸墙上，命令守备龚配道率领士兵守卫海岸，然后挥动令旗，道头港犁缯船、赶缯船、沙船、小钓船等这些千百年来民间沿用的早该进博物馆的“古董”，统统划来集队。

英兵像看出土文物一样惊异地瞧着这些船只，像看戏一样开心地瞧着张朝发指挥着身穿“勇”字服的清朝水兵驾舟列阵。

定海镇总兵张朝发凭着一腔爱国激情，与强大之敌摆开了中英鸦片战争第一次交手的架势。他率领着大大小小的战船及手擎着刀剑、长矛等各式各样武器的士兵，向英舰一步步逼近。

英军凭着来复枪和钢炮，不用担心眼前清军所执的武器会伤及他们的躯体，所以忍不住开心地讥笑清军的水师。

站在“威厘士厘”号甲板上的伯麦准将见攻击的时机快到了，便对舰上的先遣部队发出了指令：“我们的大炮摧毁了敌人的炮台和战船上的土炮，你们就抢滩上岸。”

伯麦准将对部下讲话的时候，“威厘士厘”号舰长麦得兰德则在旁边不时抬腕看表。午后 2 时，麦得兰德转头见伯麦挥动手臂发出了攻击的命令：“开火！”“威厘士厘”号首先开炮，接着“巡洋”号等相继开炮。中英鸦片战争首战在定海打响。

一位侵华英军军官在《对华战争记》中清楚地记录了英军开了“文明”的第一枪：“‘威厘士厘’号首先朝一些正在用沙袋加固一座胸墙的中国士兵开了一枪，中国将领所在的船上立刻也回了一枪，很快中国防线就全面开火，火力也来自城外停靠的中国战船。”位于英国舰队右侧的青垒山、东岳山的清兵炮台以及定海水师船上的土炮吐出一团团烟雾，射出的炮弹好似扔石丸似的，扑通扑通地落在远离英舰的海中，有几颗射到英舰却连船外部的腰板都未损伤就掉了下来。

1840年7月5日，英军攻击定海

轰！轰！“威厘士厘”号军舰发出的炮弹在青垒山与海岸清军的炮兵阵地准确无误地爆炸。铁炮飞上了半空，七八名清兵的尸体横陈在山坡上。“巡洋”号、“康威”号、“阿勒琴”号等军舰也向中国水师战船射出了猛烈的炮火。

轰隆！轰隆！定海道头洋成了一片火海，被击中的大清战船裂成碎片。

7月5日下午2时开始的战斗，英国军舰的炮火仅用9分钟就基本击毁了清军战船和岸炮的还击能力。

总兵张朝发所乘的战船勇敢地冲在最前面，士兵们打着鸟枪，船头的铁炮也开了火。但由于炮弹威力太小，枪弹射程不足，根本不能对英舰产生什么破坏作用。

在英军第一波火炮射击时，一颗炮弹便在张朝发所乘的战船上爆炸，张朝发左腿被炸断，血流如注，昏厥中跌入道头洋。

“张大人中弹了！”旗牌官姚忝泉与亲兵李必全一齐大吼，跳入大海，将张朝发救到船上。后因伤势严重，张朝发由部属护送至镇海抢救，终因流血过多而壮烈殉国，时年46岁。

总兵负伤，战场上失去指挥，从未见过如此猛烈炮火的清朝士兵，恐惧地纷纷逃散。据裕谦战后调查，参战的近千名士兵，战死13人，受伤13人，战死的人数比击毁的战船还少。而英方宣称其在战斗中毫无伤亡。

小贴士

裕谦：原名裕泰，字鲁山，号舒亭，博罗忒氏，是清朝开国功臣的后裔。他的曾祖父班第，为雍、乾两朝之名臣。与其他优裕的八旗子弟游荡不羁迥然相异，裕谦在家庭中受到了几乎完全汉化的教育。他强烈主战，赢得许多官绅和士兵赞扬。

中英双方不成对手的交战，使这个拥有 2000 名士兵，30 余万人口，500 平方公里面积的岛屿，转瞬间便沦陷了。

这场战争给夜郎自大的大清一记响亮的耳光。

不过，知县姚怀祥的民族气节是值得赞扬的。姚怀祥决心与城共存亡，率百姓抗击。6 日凌晨，英军攻入定海东门，姚怀祥自身负伤，危急之际声色不变，脱下衣衫付人，令转告家属："我不克保守兹土，死且有罪！此物到时，该知我已尽节！"说完从容跳入梵宫池自尽。今梵宫池边立"姚公殉难处"石碑以纪念。

定海知县姚怀祥殉难处石碑

二、墨经从戎

道光二十年(1840)六月，山头埠村下了一场小雨，葛云飞一边与童仆们打理着庄稼，一边思念着定海。他想着几天前从东海边传来的英军猖獗侵犯定海的消息，仰天叹息："国难当头，未能守卫边疆，问心有愧啊！"

葛云飞离任之时，给浙江巡抚乌尔恭额的信中提醒："虎门销烟，英国人鸦片被禁，必然报复。其船只炮械都比我们锐利，请抚台大人早做准备，抵御英寇侵犯……"

这些话说在鸦片战争之先，显示了葛云飞非凡的远见。那时从皇帝到臣民，自命世界第一强，似乎没有人以为世界上还有超过中国的国家，不相信还有比老祖宗留给自己的大刀和弓箭更加厉害的武器。

正因为如此，葛云飞的意见当然不会引起朝廷和大臣们的重视，尤其是浙江巡抚乌尔恭额，那简直是对牛弹琴。他凡事和稀泥、左右不得罪人，糊里糊涂过日子。清朝官场有一种规矩，总督、巡抚地方大员到任时可以命题考士子，称"观风试"。一次，乌尔恭额监考观风试，见一群考生围着饭箩抢饭，嘿嘿笑道："一窝老鼠！"一个考生口无遮拦，听见抚台骂他们是老鼠，便出口讥讽："鼠无大小皆称老，龟有雄雌皆姓乌！"好在乌尔恭额人糊涂，要是换个抚台，那个考生能不倒霉吗？可他听了考生对自己的嘲弄，丝毫没有怒气，不但不加罪于考生，反而啧啧称赞："应对得好！"

广东禁烟，乌尔恭额先后接到林则徐和葛云飞请他“及早防备”的信件，可他全然不放在心上，笑道：“小小夷国，怎敢远跨重洋，犯我天朝？有广东作长城，我浙江不必大惊小怪、庸人自扰！”

定海失陷，才使乌尔恭额如梦初醒，魂飞魄散。一边急忙上奏道光帝，一边与僚属们紧急筹措镇海防备，唯恐英国人打到杭州抚台衙门来。

葛云飞长吁短叹了一阵子，又俯首薅草。

几匹骏马沿着溪水边的石子路箭一般地向山头埠飞驰而来。一位穿七品官服的官员带着几名亲兵转过山弯，跳下马背，抬眼望见山岙里的一座坟，旁边有 间茅庐。

七品官径直来到葛云飞劳作之处，笑着说：“葛大人真勤快！”

葛云飞见来人是山阴县令宋大寅，便扶着锄头，抹一把汗水，含笑答道：“家计薄，耕种以谋生。”葛云飞将宋大寅引入墓庐。宋大寅坐下扫视了一下，见庐内摆设十分简朴，板床上铺着薄被，床前的苦楝木小方桌上放着《孙子兵法》、戚继光的《练兵纪实》，还有几本唐宋诗词选集。宋大寅感触颇深地说：“葛大人真是‘生机三径草，风味半床书’。”葛云飞问：“宋大人不辞劳苦，远道而来，必有要事?"宋大寅从衣袖中摸出一张字条，递过来说："这是大人的诗作吧?"葛云飞接过一看，正是自己感叹岁月如梭，壮志未酬的抒怀之作："马不嘶风剑不鸣，等闲已老健儿身。近来不敢窥明镜，恐照头颅白发新。"

"贻笑大方！宋大人公务繁忙，岂为这么一首小诗而光临寒舍?"葛云飞带着几分疑惑的口气问。

宋大寅点点头说："在下今天确有要事，国事重于家事，请葛大人出山。"

"什么国事要丁忧守孝的葛某去承担，大人明言吧!"葛云飞说。

宋大寅言辞恳切地说："葛大人远见卓识，在定海任上曾向乌公禀报，夷情诡谲，洋人狡猾。广东查办鸦片，洋人无利可图，须防其北上窜犯寻事。当时大吏认为将军忠烈之心固然可嘉，但以为过虑，搁而未用，结果，定海失陷，乌公从杭州急赴镇海前线，与文武官员商讨守御对策，岂料个个面面相觑，束手无策。危难思良将，才忆及大人有先见之明，又想到大人熟悉该处洋面，有勇有谋，因而特命我持巡抚大人亲笔信来此，请大人效古人墨经从戎之义，速赴镇海商讨战守机宜。"说完，宋大寅摸出贴身藏着的信件，交给葛云飞：

凌台兄：

备悉丧居痛切，特表吊慰。

定海陷落，夷势猖獗，殊堪发指。此时用人之际，而大将、能将、才将世不多见，想仁兄曩以卫霍之雄材，受范、韩之重寄，是轶乎能将、才将之上而居于大将之列者也。且与弟同受皇上重恩……万望吾兄效古贤者墨经从戎之义，迅来镇海会商战守机宜……

乌尔恭额

道光二十年六月十四日

小贴士

墨经从戎：墨，黑色；经，古时丧服中围在头上和腰间的散麻绳；从戎，从军。指在守丧期间从军作战。古代丧服用白色，如居丧期间从军者，穿黑色，谓之“墨经从戎”。

葛云飞看完信，仰天长叹。宋大寅又婉言劝云飞赴任，说：“疾风知劲草，路遥知马力。朝廷危难时刻，是大人施展报国大志之机，在下还望大人听从抚军之命。”葛云飞说："我无时无刻不思报国，但如今如要离墓出山，还得禀明母亲。"

葛云飞领着宋大寅与随从离开墓地，沿着一条两旁长满红蓼的泥路，绕过一个山嘴，来到溪畔一排瓦房前一块空旷的晒场上。只见一个青年，长得粗壮雄伟，英气勃勃，正舞着枪。葛云飞唤道："以敦我儿，山阴县宋伯伯来了，快来叩见！"那青年弃枪在地，大步走过来，瓮声瓮气地说："小侄叩见宋大人！"宋大寅赶紧将葛以敦扶起，只见以敦浓眉大眼，粗犷刚勇，便连声夸赞："真是将门虎子。"

云飞带着宋大寅和亲兵，走过溪边两旁栽着黄杨的数百米长的幽径，来到一个三合院。云飞引宋大寅进入厅堂，叩见与妻子金氏一起裁衣的张太夫人，把乌尔恭额请他出山的事情说了。

金氏听了说："百善孝为先，夫君还是守墓尽孝道为好！"张太夫人却大义凛然地说："贤媳，此言差矣！自古忠孝难两全，国之忠臣，即父之孝子，国家有难，为臣子者岂能袖手事外？"葛云飞跪地说："孩儿聆听母亲教诲，甘愿为国粉身碎骨！"

在当时社会，一位总兵级官员从丁忧守孝中夺情起复，于国于家都是一件大事。于国，要奏明皇上，得到皇帝批准；于家，必须祭告作古先人，墨绖从戎。张太夫人即命云飞在父亲遗像和牌位前摆起香案。在庄严、肃穆的气氛中，张太夫人、葛云飞等依次站立。

张太夫人点亮蜡烛，捧着三支清香，祈祷："夫君，你的儿子要告别你上战场了，请你的英魂保佑他旗开得胜吧！"

葛云飞凝望着父亲的遗像，含着泪水恭恭敬敬地拜跪了一番，禀明情由："父亲，国家有难，儿要为国尽忠，等杀退英夷后，再来尽孝心。"然后，葛云飞研磨了一大盆墨汁。张太夫人再次拜告葛承升遗像："夫君，我要为云飞墨染衣绖了，将他丁忧之伤悲，激励为杀敌之勇气！"

金氏含着泪水，帮葛云飞脱下身上的白衣，解下腰上的黄麻绖，张太夫人亲自动手，将衣、绖一一染黑，抚着云飞的背深情地说："儿呀，穿上衰衣，系上墨绖，父亲之魄就护着你去歼灭贼寇了！"

葛云飞跪着从母亲手中接过衰衣墨绖说："孩儿不会辜负母亲的期望，让父亲含笑九泉！"

葛母命云飞次日起程，赴海疆为国效力。

宋大寅见此情景，心情异常激动，临别向太夫人深深一揖，含着泪花说："好个深明大义的贤母！有这样的母亲才有这样的儿子，从古至今，不多见啊！"

定海第一次保卫战那样的不堪一击，侵略者"船坚炮利”，葛云飞非常清楚；朝廷的腐败，国防的废弛，军队的无能，葛云飞也深有体会；朝廷对于失败者，尤其是对“失土”的守土之官惩处之严厉，作为一名本身便握有生杀大权的将领，葛云飞的心中也十分明白。明知一切不可为，但葛云飞不避斧钺，为天地立心，为家国立命，他去了，而且去得那么坚定，那么认认真真地去履行当时历史条件下所能尽到的几乎全部职责。

第二天早晨，彻夜未眠的金氏忙着为葛云飞整理行装，拿来针线一边缝葛云飞外衣的一个松动的扣子，一边对云飞说：“夫君，你要保重，为妻过年等着你同桌吃素炒豆腐的团圆饭……”说着，说着，泣不成声。葛云飞宽慰妻子说：“夫人，你放心，云飞一定高奏凯歌回家，家里的老母亲，就靠你悉心照顾了。”

云飞去祭扫父亲坟墓的路上路过村前的一口井，不禁驻足井边，探身望着井里的水，忍不住拎起了井边的吊桶打来井水喝一口。他深深地一鞠躬，感谢乡井哺育之恩。

云飞到了父亲墓地，细心地拔除了墓穴周边的杂草，又将墓坛打扫得洁净如镜，跪在墓前的石阶上伏地叩了三个头，说：“父亲呀！儿子向你告辞了！”

云飞从墓阶站起来，凝望着故乡的山山水水，不禁心潮澎湃，思绪万千。那条他儿时学游泳的河，那块他儿时放风筝的草地，他就要离开了，这一别，不知何日还，云飞情不自禁地伏身叩地久久地亲吻着乡土。

云飞从父亲墓地归来，向母亲跪别："恕儿子难尽孝了！"张太夫人扶起云飞说："孩子，你放心走吧，以国事为重，不要牵挂家。"此时，葛以敦跪在云飞面前说："爹爹，带孩儿一起去杀贼吧！"云飞点点头说："好，你有报国之志，就跟爹爹一起去吧！"

山头埠响起了一串急促的马蹄声，葛云飞父子和随从快马加鞭，风尘仆仆地奔赴镇海大营。

三、主事镇海大营

1840年秋天，江苏、湖南、安徽、福建、湖北等省通向浙江的大道上，尘土飞扬，携枪擎刀的各路清兵，风雨兼程，驰往镇海。

镇海大营成了清军抗英前线指挥部。

1840年10月1日，葛云飞在镇海军营接定海镇总兵印视事，主持浙江军务的钦差大臣、两江总督伊里布任命他主事镇海大营。

大浃江口蜿蜒的海岸线怪岩嶙峋，浩渺的海上波涛汹涌。重任压上肩头，葛云飞大刀阔斧地整顿军纪。

当时镇海兵员来自南北六省。清代的兵不像今日之军队整师、整团、整营地集中驻扎某一营地，除总督、巡抚自率的各标外，一省军事体制分提、镇、协、营四级，以营为基本单位，而当时的绿营中没有一个营不分驻汛塘哨卡的。也就是说，营以下部队没有驻扎于一处营房，而是数名、数十名，最多数百名分散在当时的市镇要冲等地。“清军不是纯粹的国防军，而是同时兼有警察、内卫部队、国防三种职能”，“它的国防色彩最淡，警察色彩最浓”。那样散布的队伍能有严明的纪律吗？

南北各省兵士们渗透镇海城，好像水在沙里不可制约地流散一样。一些兵住进了老百姓腾出来的空房，他们却仍然去占住相邻的在他们看来是更好的房子。许多士兵占了几家房子，用笔在房子上写上记号，还和别的队伍争抢，甚至打架。有些士兵还没有住定便横行霸道地抢掠驻地财物，当地居民心惊胆战，苦不堪言。百姓争着邀请军官们到自己家里去住，希望借此避免骚扰。

葛云飞取得伊里布令箭一支，雷厉风行地整顿那一批乱糟糟的队伍。

一天，葛云飞带领几名亲兵，去巡视大浃江。在路上，看见镇海城周围庙宇凉亭都住满了定海难民。定海失陷，很多家庭支离破碎，只能流落他乡。葛云飞心中一阵酸楚。

葛云飞巡视到镇海县衙右侧，忽闻前面传来一片喧闹之声。葛云飞循声过去一瞧，见一名衣着华美的“戈什哈”（指大臣的护卫人员）正在强抢一名渔童手里的一串活青蟹。

“老子来镇海卖命，”抢蟹的“戈什哈”瞪着眼睛，抖动着胡须凶巴巴地说，“吃你几只蟹开开胃口，是瞧得起你，付什么钱！你再叫喊，当心老子收拾你！”那个抢蟹的家伙名叫傅库尔，先前跟随浙江巡抚乌尔恭额，近日不知为何又投到了钦差大臣伊里布手下。那渔童只有十二三岁，头发黑而硬，在头上竖着，像一个鸟窝，脸色苍白，柴棒似的枯瘦的小手拼命拉着那串蟹，悲伤地瞅着“戈什哈”哀求：“军爷，我们一家从定海逃难来，饿了好几天，妈妈生病，今天好不容易捉了几只青蟹，想换点钱，给妈妈治病。军爷，你可怜可怜我吧……”说着泪珠雨滴似的掉。“哼，管你什么换钱治病！”傅库尔瞅着渔童恶狠狠地说，“你不放蟹，老子一脚就踏你个稀巴烂！”“可怜可怜我吧，可怜可怜我吧……”小渔童哭诉，怎肯放掉那串蟹，那可是给妈妈活命的蟹呀！傅库尔圆睁双目，猛地抬起一条腿，狠狠地踹下后说："小子，你到阎王殿去吧！"小渔童惨叫几声咚地倒在地上，口吐鲜血，痛苦地抽搐了几下便断了气。

围观的人们谁也没想到傅库尔突发兽性，见出了人命，吓得毛骨悚然，义愤填膺而不敢抗争。"呸！"那"戈什哈"向小渔童吐了口唾沫，拾起那串青蟹，大摇大摆地向衙门方向走去。

"站住！定海难民流落镇海已够苦了，你竟敢如此视难民的生命如草芥。"葛云飞怒火直冒，命令亲兵擒住那"戈什哈"。"葛大人，关你什么事？"傅库尔毫无惧色，还昂着头，挺起胸，傲气十足地说，"你要看清楚，我是钦差手下的护卫！""不管你什么身份，就是天王老子夺蟹踢人致死，就该偿命！"葛云飞双目凛然逼视着傅库尔。"夺蟹？夺蟹又怎么？踹死一个穷小子又怎么？"傅库尔摇晃着脑袋，还是一副满不在乎的蛮横相。葛云飞向亲兵传令："取实证据问斩！"

喧哗声惊动了镇海知县叶坤。他出了县衙，见葛云飞的亲兵捆绑钦差大臣的"戈什哈"，吓得脸如土色，急忙过来向葛云飞躬身行礼，并说："葛大人息怒，是不是将他解送钦差大人处置？"葛云飞怎会放过这个杀一儆百整肃军纪的好机会，断然拒绝："不！王子犯法，与庶民同罪，

‘戈什哈’身为朝廷大员的亲随，强抢民物，致丧人命，理应重惩。何必麻烦钦差大臣。”叶知县见劝不住葛云飞，便暗地差人禀报伊里布。

果然，伊里布派使者说情：“将军，请宽恕傅库尔。”葛云飞一点面子也不给，对使者说：“葛某奉尊公之命，统御节制各军，如果军法不严，不但军队无以驭，而且坏国法徇私情会辜负尊公委任之意。对亲近者执法严最能服众，请谅解。”“可否免死？”使者问。“不，故意杀人，理当偿命！”葛云飞说。使者见说不动葛云飞，只得回去复命。

钦差的使者一离开，葛云飞便当机立断，取证画供将“戈什哈”押赴刑场。被五花大绑插上斩决牌的傅库尔，此时才感到葛云飞的厉害。他再也不敢骄横了，不住向葛云飞求饶：“大人饶命，在下错了，请饶我一命，来日必定报答……”葛云飞不为所动，毅然挥手下令：“行刑！”刑场周围聚集起闻讯而来的上千名百姓和士兵，议论纷纷：“好厉害，钦差大人的护卫也敢斩！”“为了老百姓，葛大人什么都顾不得了！”“执法如山，老百姓不再遭兵祸了！”……大浃江边响起一片感叹声。行刑者的刀光一闪，一颗罪恶的人头落地，冤死的孩子含笑九泉。

自此，镇海各军震栗，不敢胡作非为，百姓这才过上平安日子。

四、爱兵如子

葛云飞治军严格，爱兵如子。

1840 年的镇海，在凛冽的寒冬里战栗。大浃江边朔风裂面，犹如刀割。士兵们身穿单薄的衣服，在寒冷的北风中昼夜防御，极其艰苦。

一天，一骑士冒着漫天风雪疾驰而来，到了军营前，跳下马，从鞍上取下一个包袱，急匆匆走进葛云飞营帐，说："葛大人，张太夫人和金夫人命我送寒衣来了！"云飞放下案头文书，抬眼一看，见是不久前自己差去照顾老母和妻子的家人葛宏，便连忙接过包袱说："快，快起来！"云飞赶紧扶起葛宏，掸掉他身上的雪片，连声说："辛苦了！辛苦了！"葛宏说："大人，快打开包袱，穿上裘衣吧！这是夫人没日没夜一针一线赶制的。这么冷的天，你只穿薄袍，怎么吃得消啊！"云飞打开包袱，伸手摸着裘衣，手指插入柔软的狐毛中，一股暖流涌入心田，那裘衣饱含着老母亲和妻子对自己一片深情啊！

葛宏要云飞立即穿上，可云飞坚持不穿，说："士卒冒风雪，我何忍独暖？"说完，葛云飞就持刀出巡各营，葛宏望着没入风雪中的云飞身影大声喊着："大人，小心冻坏身子啊！”

风卷着雪花，狂暴地席卷着山野、山庄，摇撼着大泱江上的船桅，撞开了百姓家里的门窗，把江边破屋顶的茅草，大把大把地撕下来向空中扬去。傍晚，雪花挂满了树枝，厚厚地粘在值哨巡逻的士兵头上、肩上和袖上。

葛云飞踩着厚厚的积雪，依次查哨，至招宝山下，见一名值哨士兵，脸色发青，在寒风中瑟瑟抖动。葛云飞伸手一摸，那士兵只穿一件单衣，冰冷的雪水浸渍着他的肌肤。云飞按着他的肩头问：“你还有别的衣服吗？”“我是孤儿，刚投营，只有这么一身军衣！”那位士兵回答。葛云飞二话没说，快步转回营，挟起那件裘衣奔向招宝山。葛云飞一声不响将那件裘衣披到哨兵身上。哨兵连忙脱下，双手奉还裘衣，泪流满面地说：“大人，这万万使不得，小人年轻，耐得住寒，大人责任重，保重身体要紧啊！”“我有麻衣，比你单衣暖。”葛云飞说完转身离去。那士兵从小没有享受到父爱，此刻望着葛云飞远去的背影，温暖溢满了心坎，真想喊一声：“爹爹！”

云飞出巡归来，向伊里布陈述士兵挨冻的情景，请求发给每人棉衣、棉裤一身。各营将士穿上冬衣感动地说：“葛大人爱兵如子，温暖着我们的身心啊！”

所以，不难理解定海保卫战中葛军为何高举一面面血旗，一次次集结，与葛云飞一起英勇无畏地跟敌人拼搏到底，甘愿在敌人近代化炮火猛烈攻击下粉身碎骨，而不后退半步。

第四章 收复定海 加强防务

一、以俘易城

钦差大臣伊里布在镇海大营门前，望着灰鳖洋上英国的火轮船飞快地奔跑着，镇海水师小木船与其相比太可怜了。他忧心忡忡，失去了战争的信心。

镇海集结万余兵力，而伊里布无心进军定海，可葛云飞与黑水党联手，与英军展开了一场惊心动魄的斗争，撒开天罗地网捉英兵，弄得留守定海的英国远征军日夜惶恐不安，恨不得及早离开这个地方！

黑水党与爱国将领葛云飞等一道抗击英军侵略的英勇事迹一直为后世传诵。与清军作战无限风光的英军，在定海人民的“麻雀战”中吃尽了苦头。恩格斯将中国人民这种斗争方法赞之为“这是为了保存中华民族的人民斗争”，这是反对侵略的“唯一武器”。

小贴士

黑水党：鸦片战争中由浙江沿海船民组合的抗英力量，是一支染着浓郁传奇色彩的抗英队伍。其活动遍及镇海、定海一带。英军攻陷定海后，黑水党首领徐保（绰号“大白板”）、张小火、钱大才等联络群众，或埋伏于城厢内外在夜间专门袭击小股之敌，或在海上寻找歼敌之机，使英军极为惊恐。

黑水党的首领徐保，是鄞县东钱湖附近的山村猎民，以狩猎采樵为生，自幼父母双亡。他生性耿直，因此当地群众都爱戴他，称他为“徐大哥”。他常帮船家出海，熟稔定海的地形和海道。英军占领定海后，徐保耳闻目睹侵略者暴行，再也忍耐不住了。一天，他对平日要好的朋友和兄弟们说：“如今国家遭难，正是热血男儿效力报国之时，我们要齐心协力，与‘红毛鬼’拼一场！”“好，听你的！”大伙异口同声地说。“领头杀贼，总得有个组织名堂吧，叫什么好呢？”有人问。“这我想过了，”徐保说，“我们在黑水洋捕鱼为生，穿黑衣黑裤对付持有洋枪洋炮的英兵，也要黑夜行动，就叫‘黑水党’吧！”“对，好名字！”大伙说。

消息不胫而走，一传十，十传百，几天时间就有三四百名身体棒、水性好、有武功的渔民、船工和盐贩子涌来入队，台州盐民张小火等也率领百余人集结到徐保的抗英队伍中来。经过大家商议打出“杀红毛，惩汉奸，保家乡”的旗号。

黑水党首领徐保雕像

一天，徐保和兄弟们正在大浃江边一条八桨船上计划如何化装成小贩，以食物和美酒为诱饵去定海与英兵做买卖，伺机下手，活捉或刺杀英兵。忽地一名兄弟钻进船舱报告：“徐大哥，定海镇总兵葛大人有事与你商量！”徐保赶紧出舱，见葛云飞正和一名亲兵站在岸上，便赶紧施礼请葛云飞上船，并说：“葛大人，请恕小人未迎之罪！”葛云飞上了船，见徐保三十岁左右年纪，身材魁梧，穿一身黑色夜行衣，腰间插着一把匕首，紫铜色的右脸颊上有一颗黑痣，眉宇间凝聚着一团英气。“壮士抱雄心，令人敬仰，定海失陷，本镇无安眠之夜，黑水党兄弟能否捅一捅英寇的窝，搅得英寇日夜不宁，在定海待不下去呢？”葛云飞说。

“只要能把英军从定海赶出去，黑水党兄弟赴汤蹈火亦心甘情愿！”徐保说。葛云飞和徐保船头运筹，撒开了一张捉英俘的大网。

马德拉斯炮兵队安突德上尉有个习惯，有事没事常在定海近郊散步，或是写生，或是测量。这几天，他和几个卫兵，正忙着在定海西侧的青岭一带测量，以完成伯麦交给他的一个任务——绘制一幅定海附近地形图。

“就选那个制高点测量吧！”安突德上尉用手一指前面岗子，命令卫兵背着测量仪器走去。

此时，黑水党女杰包海珍打扮得靓丽，挑着两只小箩筐，迈着轻快的脚步，径直走向青岭岙。

海珍见青岭高坡上站着一位身材高大的英军军官，正一边低头用铜规铁尺和测量架计算着周围山头的高度，一边用笔在纸上画着。海珍一看随即猜到这就是徐保大哥交付给自己的“猎物”——安突德上尉了。

安突德上尉与士兵见山林里冒出一个这么年轻漂亮的姑娘，顿时呆住了！他们歪着脖子，滴溜溜地转动着蓝眼珠。海珍只当没看见，慢条斯理挑着担子。忽地，她把身子一闪，拐向青岭的右侧山坡。此时，安突德像只贪腥的野猫，见了一条鲜鱼，跑到海珍的面前，堵住山坡路口，抓住她的臂膀，嬉皮笑脸地说：“姑娘，玩一玩吧！”海珍跟着堂哥包祖才在乡勇队里学过几招功夫，她略一思索，手腕一沉，甩脱了安突德，扔下箩筐扁担随即转身沿着另一条山径，一阵风似的跑去。

安突德上尉也非等闲之辈，这姑娘轻轻一抬手就从自己手中挣脱出来，他意识到眼前的中国姑娘不是容易吃的“软豆腐”，便一摆手，命令士兵与自己一起追上去。

奔跑在林子里的海珍，仿佛是灵活的野猫，尽挑杂草丛生的陡坡钻，累得安突德和卫兵上气不接下气。眨眼间海珍转过一个山头，英兵跟踪而来，不知不觉落入了海珍与包祖才早已布下的埋伏圈。

定海青岭义勇包祖才牌坊

安突德与卫兵鼓足劲头猛追。当他们翻过山头，穿出 200 米浓密的杂树林，展现在眼前的景象使他们心惊胆战。一片广阔的番薯地上，数百名村民在包祖才与其兄包振兴、堂妹包海珍带领下，高擎着锄头、钉耙从四面八方冲上来。山顶上，一位农民敲响铜锣，扯开嗓门大喊，山谷里荡起一阵阵响亮的回音："捉'红毛鬼'！"

安突德身边的一名卫兵刚举起来复枪欲扣扳机，突然嗖的一声，从树林里飞出一条绳索，不差分毫，恰好套住那卫兵的脖子。只见他身子往后一歪，枪掉在地上，像一头猪似的被渔民拖进了老林。定海渔民在大风大浪中练就了一项特殊本领，在颠簸不停的船头，能将绳套子百发百中套住十余米外岸上的桩头，系住船只。

石块如暴雨一般扔过来，乡民蜂拥而来。安突德上尉与卫兵们吓得魂飞魄散，顾不得伙伴被抓，丢下测量架，转身就跑。

在英军占领定海的日子里，地处城西附近的青岭村老百姓受尽了欺侮。英兵肆意奸淫抢掠，村中的牛羊悉数被抢去，还掘坟抛尸，洗劫死者的殉葬物。愤怒的火山必然要喷发，村民岂肯让安突德与士兵们溜掉！他们举着钉耙、锄头乱打，像打野猪一样一层层围追堵截。英兵无暇用枪自卫，只顾抱头慌不择路乱奔。安突德在慌乱中被树根绊倒，像一个车轱辘骨碌碌滚了下去，掉进了岙底一块烂塘田，半截身子陷在泥里没法动弹，另外两名士兵的脖子也被渔民用绳子套住了。

包祖才、包振兴等将安突德从烂塘里揪上来，绑住其双手双脚，用毛竹扁担将安突德与卫兵抬着下山。据《定海县志》记载，定海青岭村民包祖才等活擒安突德与卫兵的日子是1840年9月16日。

定海乡民包祖才等活捉英军上尉安突德图(英军随军医生爱德华绘)

黑水党将安突德押送至镇海大营，葛云飞又将他押解到宁波。当了阶下囚，安突德不敢再狂妄了，在监狱中颇识时务，以巧妙的画技画西洋各式各样东西或动物讨中国官员欢心。

尔后,定海民众与黑水党弟兄又俘获了英军运输船“风鸢”号,以及一些去小岛上抢掠耕牛和猪羊的英兵。

定海民众坚壁清野,捕捉汉奸买办,并在水井中投毒,造成英军的极度困境。英军由于得不到新鲜食物和清洁的饮用水,致使疫病流行。

一位英国军官目睹并记下了当时的情况:

军中以及船中非常缺新鲜食物,因为随远征军从广州前来的一个中国买办(指布定邦)已在17日(1840年7月)被中国人擒获,作为俘虏运到宁波。我们所仅仅得到的水是最坏的一种,颜色微黑。后来在北直隶湾中,在舰队中所流行的一种疾病,我归根于这一原因,而且认为这是唯一的原因。曾有一个时期“摩底士底”号上130名船员中,半数患严重的痢疾。而且在病者名单之列,海军少将和船长都在其中。“摩底士底”号离开舟山期间,军队中流行疫病,三四百人已被安葬,大约1500人在医院中。英勇的苏格兰来复枪联队完全消瘦到皮包骨,勇敢的第四十九团的情况简直不见得好一些。无疑,这种现象当归缺乏新鲜而有益的食物以致兵士容易染受这里所流行的疟疾和发热证，因为我们发觉军官中间病情较轻，他们的食物是比较丰富的。

据统计，从 1840 年 7 月 13 日到 12 月 31 日的 5 个多月中，“在一支不超过 4000 人的军队里，兵员住院疗病的有 5329 人次，死亡 448 人”。又据英国陆军参谋总长蒙泰回忆录记载，英军从 1841 年 2 月 25 日撤离定海时，死亡数为 500 人整。这是个什么概念呢？也就是说，英军死亡人数占到总数的 1/8。英军占据的定海只不过是一座空城而已。由于民众抗英，再加上疫病流行，英军相继死亡。

而此时的钦差大臣伊里布不仅不支持民众反侵略，还一心想平息事态，并讨好迎合敌人。伊里布命人“以犒师为名，齐带牛羊鸡鸭，前至定海”，还出示阻止民众抗英的告示，“夷华各不相扰”。这样换来了一个停战协议，这就是所谓的《伊里布—懿律停战协议》，是伊里布私自同懿律签订的，并没有上报朝廷。内容见于懿律向舰队发出的通告：“总司令须通知远征军队，两国谈判期间，钦差大臣及其本人之间业已订立停战协定，其条款大致为‘任何一方不得逾越所划该方之界线，不得阻止人民往来。

英方界线业已指定，包括舟山岛近旁之诸小岛，包括经过象岛、塔山、黑墙山、鱼人山、普陀山、桃影山一线以内之岛屿，以及鹿山各岛’。”这是一份不折不扣的妥协协议，即把舟山岛及其附近岛屿划给英军管理，并禁止人民的反侵略斗争。

同时，畏敌如虎的伊里布与侵略军进行以释放俘虏和撤军为交换条件的交涉，幻想借此解决浙江的战事。此时，道光皇帝先后下两道圣旨令伊里布“克期收复定海”，伊里布则一拖再拖，以“炮尚未齐，兵尚未集”等来搪塞。道光帝极为恼火，免去了伊里布钦差一职。

钦差大臣琦善认为英方武力强大，清军远非对手，如果不向英方让步，“非惟防不胜防，抑且事无底止”，这样琦善与英国全权代表义律多轮谈判，拟定了以“中国赔偿英国 600 万银圆，交还俘虏，允许英国人在香港寄居，英军退出定海”为主要内容的《章程底稿》（后人称之为“穿鼻草约”）。琦善表示“代为奏恳”，由道光帝最后定夺，但义律认为已“文据在案”。1841 年 3 月 2 日，道光帝在《章程底稿》上气愤地朱批“一片呓语”（即大白天说梦话）四字，足见《章程底稿》并没有得到清政府的批准。但英军一边从定海撤军，一边用武力强行占领了香港岛，并在岛上建立房屋和码头，视香港岛为已有。

1841 年 2 月 25 日，根据义律与琦善在广州的谈判结果，驻守在定海的英军全数撤离。钦差大臣伊里布派定海镇总兵葛云飞、处州镇总兵郑国鸿、寿春镇总兵王锡朋率兵前往接收定海。在此之前，道光帝因伊里布进兵迟缓，改派江苏巡抚裕谦为钦差大臣，前往浙江，接替伊里布。

三总兵进驻定海后，在定海城上飘扬 7 个月的英国国旗降下来了……

二、汗洒土城

定海县城南门外濒海的广阔地带，崛起了一座蔚为壮观的土城。这座土城是泥土、糯米粥、石灰等与定海军民的汗水凝成的！

主战的钦差大臣裕谦早就想在定海构筑“扼险控制，屹若金汤”的防御工事。他收到葛云飞呈送的筑土城的计划，便当机立断批示：“情势紧迫，筑土城事宜立即着手实施。”史无前例庞大的防卫工程从纸上搬到实地，要花多少人力和物力啊！

一天，葛云飞在道头旁观察，看到了不少老百姓脸色苍白，饭碗里装的是野菜。葛云飞归衙后，便向钦差大臣裕谦报告：定海居民受英兵之苦日久，难民众多，生计无着，如能以工代赈筑土城，既得钱糊口，又图自卫家园，百姓们都会感恩不尽，争先恐后而来，并提出预支自己三年俸禄，用于筑城工程。

裕谦不同意葛云飞预支俸禄，认为朝廷无此先例，却十分赞成葛云飞“以工代赈”的主意，立即向道光帝奏筑土城“既资保障，又可使乏食难民借机得食，以工代赈，洵属一举两得”。同时，命令定海知县舒恭受等协助葛云飞兴办，前期准备工作一切就绪。

小贴士

舒恭受：字再莫，号后庵，生于清乾隆五十五年(1790)，江西宜春靖安太史第人。先后任浙江嘉善、鄞县知县，石浦同知，主持定海政事等，是鸦片战争时在浙东组织民众抗击英军的一位爱国志士。

道光二十一年(1841)暮春，细雨淅淅沥沥地落着，定海难民们拖儿带女络绎不绝地回到了家园。他们多么盼望能过上安定的日子啊！

从青垒山起，环绕东岳山，入道头至竹山门，延袤八里，拉开了从未见过的筑土城场面。

人们顶着风冒着雨，挑着箩筐、畚箕，推着独轮车，从四面八方赶来。定海城南道头的工地上，人声鼎沸，热闹非凡。葛云飞与定海知县舒恭受带领士兵，用砖石和竹木在海边搭起了一排灶房。几十名老大妈也上工地来，起劲地拉着风箱，淘米、炒菜，干得挺高兴。石匠挥动大锤，甩开膀子大干，青壮年挑着满筐泥土或推着独轮车穿梭，泥工用巨大的木格铺筑着泥墙。挖土声、凿石声、放炮炸石声、填土打夯声、车轮声，与人们热烈的劳动号子声编织成一支雄壮的筑城卫家“交响乐”。

葛云飞瞅着军民热火朝天建造土城的情景，心里不由热乎乎的。这些天来，他头包青布，身着短衣，脚穿草鞋，往来风雨之中，日夜与士兵、老百姓一起辛勤地劳作，脸也变得又瘦又黑了。一天，正当葛云飞将夯用力地砸在地上的时候，耳畔响起了一个熟悉的声音：“葛总兵，辛苦了！”葛云飞回头一看，从镇海来定海视察的钦差大臣裕谦也到工地上来了。他连忙施礼，并说：“恕在下未能远迎大人之罪！”裕谦连忙扶起葛云飞说：“春雨兼旬，葛大人于风雨之中昼夜督筑土城，可嘉之至！”葛云飞说：“大人夸奖，不胜惭愧。南方军情紧急，‘逆夷’

随时会北犯，土城应及早竣工为宜，吾等理应尽心尽力！”“士兵们都讲葛大人的饭菜差，吃的是霉干菜和糙米饭。”裕谦瞅着葛云飞消瘦的脸庞，继续关切地说，“现在军务特别繁忙，这样的饮食不足以养身，何况总兵的俸禄也不薄，镇台何必如此节俭！”葛云飞说：“谢谢大人关怀！布衣素食是我的习性，已经惯了。况且寇患未绝，定海百姓尚以薄粥糊口，生活十分困苦，思虑及此，即使给我满桌山珍海味，也没味道啊！”裕谦听了葛云飞的话，深为感动地说：“葛总兵忠君恤民的精神，实在令人钦佩！”

上下一心，军民合力，不到两个月，一座横亘定海城南海滨的土城巍然耸立起来了。土城底宽 12 至 18 米，顶宽为 5 至 15 米，高约 3 至 4 米，设“长治”“久安”两城门，供百姓平时出入。

这座土城的城墙是采用中国传统的方法建筑的，即将黄泥拌上石灰，再掺入糯米粥，放入木头制成的大格里夯实，如此一层又一层叠成，这类混凝土异常坚实。镇海至今还留着一座用此类方法制作的炮台，当地人叫“糯米饭炮台”，历经百年沧桑而不坍，屹然雄踞于大浃江口。

土城每隔十余丈，便设置一个雉垛似的火炮掩体，称

定海土城及炮位图

为“土牛”，安设火炮 80 门，炮口黑森森地直伸向定海道头港海面，气势颇为壮观。

屹立海边的东岳山位居土城中部，地势险峻。葛云飞充分利用这一地形构建防御工事。他亲自率领兵民攀登陡坡，将筑城的砖头与石块艰难地运上去。初夏的阳光，烤得山体热烘烘的，人们的汗水直往下滴。一座周长 440 米砖石结构的炮城终于在东岳山上显示雄姿，它与南端面宽 70 米的半月形的石砌炮台相连接。炮台直面大海，为轰击来犯敌舰之阵地。炮城紧靠其后，是屯兵护卫之工事。东岳山的炮城及炮台是清兵防御阵地之中坚，共设火炮 15 门。这炮城、炮台该取个好听的名字。葛云飞征求王锡朋的意见，王锡朋对葛云飞说："葛大人，你文才出众，诗文俱美，又是定海主将，你来定吧！"葛云飞思索了一下说："炮城威震四海，就叫震远炮城，炮台就叫威远炮台吧！""好名字，多威风！多响亮！"在场的官兵与老百姓都喝彩叫好。

定海东岳山炮台

土城的西端为竹山，竹山之后为晓峰岭，岭上亦筑了围城一座，驻守兵员。土城东端的青垒山亦构筑了瞭望台与兵房，以眺望外洋动静。

定海城防御工事与过去相比，是不可同日而语了。不过，凭借着这么一道土城就得出结论：与英国交战，"我炮皆能及彼，彼炮不能及我"。裕谦给道光帝的奏折存在严重的盲目性。

尽管清军一败再败，但是，清朝官员对英军的实力估计仍模糊不清，没有明辨英军的种种优长，也正因为如此，在定海防御上也无任何创新，仍是战前林则徐所倡导的防守沿海坚强据点对抗英军舰船攻击的战法。有意思的是，此战法的倡导者林则徐正以四品卿衔在镇海督办军务，他对定海的防御，似不具有信心，屡次向裕谦进言“请移三镇（指定海镇、处州镇、寿春镇三位总兵）于内地，用固门户”。裕谦虽然极度景仰林则徐，但作为守土有责的疆臣，又怎么能、怎么敢听从这种放弃定海的建策呢？

葛云飞确实是一位难得的良将。他在收复定海后，绘制了定海布防图，除计划在晓峰岭、竹山、五奎山、大渠门、毛港、虎头颈等处建炮台外，还曾向裕谦提出一个令人意想不到的建议：“其竹山门外之小竹山，系悬海与竹山门对峙，两山间水最深，为逆船进定海必由之路，然港面狭隘，不数十丈，请塞之，使逆不得近岸。”在道光年间，要堵塞一条数百米宽的海道，那可真是一个超时代的大胆的构思。此项建议因人力物力不及，没有得到裕谦许可而搁置起来。

葛云飞为守护定海殚精竭虑，一颗忧国之心跃然纸上。

三、狭路重逢

道光二十一年(1841)夏,葛云飞派往海上的探弁报告,近日海面出现了一些形迹可疑的船只。

六月初三,葛云飞亲自率领两条快船至海上巡缉。船出定海港口,葛云飞望见前方远处一条带角船的舱面站着几个人,指点着岸上炮位,描画着什么。那条船似乎见到了葛云飞的巡船,慌慌张张地一转船舵,向左边一拐弯,溜向黄牛礁。葛云飞见此船形踪可疑,便立即命令快船拨转航向,紧紧咬住它不放。那条带角船到了黄牛礁边,只听见掌舵的一声呼啸,蓦地,在礁石丛中转出两叶乌篷船,紧跟着钻出两条带角船,舱面上站满了人,个个长相凶悍,抡刀举枪。三条船排开朝着葛云飞的两条快船冲杀过来。

葛云飞一见,知来者非善,命令士兵做好战斗准备。

霎时,带角船围了上来,两边船只相距越来越近。葛云飞站在前面的一条快船上,大声喊道:"你们是什么人?敢来拦截本镇的巡船?"只见左侧一条带角船上,一个黑衣人站出来冷笑着说:"葛大人久违了!"葛云飞抬眼望去,见此人年近五旬,眼睛里闪烁着凶焰,长着鹰嘴似的鼻子，正是逃遁的海匪头子黑老鹞。

一问一答间，两条带角船已贴近葛云飞所站的快船。当双方相距一丈时，黑老鹞纵身跃起，倏地上了快船。

葛云飞喊一声："来得好！"便抽出佩刀砍去，两刀相碰，火花四溅，黑老鹞被震得连退三步，不禁吃了一惊，知道葛云飞武功了得，立即收敛凶焰，小心抵挡。

葛云飞猛地一跃，疾如飞鸟，凌空攻击，一连三招式威猛无比。黑老鹞不敢怠慢，急忙举刀迎上去。黑老鹞一个滚翻，倏地跳上舵房顶，顺势又跃上横桁。葛云飞大喝一声："哪里走？"正欲挥刀砍去，突见一枚金镖射来。

在葛云飞与黑老鹞酣斗之际，一批海匪已冲上快船，与官兵捉对厮杀。那枚镖是一个惯使暗器的匪徒投出的。葛云飞急中生智，抓住缆绳，飞镖从身边掠过，他却双足稳稳地钩住桅杆，身子竖在半空，犹如一只停在枝头的蜻蜓。海匪与官兵见了，瞠目结舌，一时竟忘了厮杀。

黑老鹞暗暗佩服葛云飞的功夫。他见此时不下手更待何时，便阴笑一声，手一扬，一支钢镖疾如流星飞去，葛云飞急忙飞身下船。

黑老鹞趁葛云飞立足未稳，挥刀砍去，钢刀被一团软绵绵的东西粘住。他急忙抽刀，只见一个套子已紧紧地缠住了钢刀，黑老鹞惊疑之间，一条八桨船冲了过来，船头站着几个体魄强健的渔民，为首的一位青年浓眉大眼，英气勃勃，刚才的绳索正是他甩出的。那青年猛喝一声："恶贼，快放下武器投降！"便纵身跃上快船。黑老鹞大吃一惊，大声喝问："你是谁，莫非吃了豹子胆、狮子心，敢与老子作对！"青年渔民怒吼道："恶贼休要啰唆！"说罢，举刀与黑老鹞杀作一团。

八桨船上的渔民一齐抽刀，跳上快船，奋力杀贼。葛军士气大增。海匪一个个惨叫着跌进海中。黑老鹞魂飞魄散，虚晃一刀，飞身跃上带角船，撇下众匪，与另一条带角船向横水洋逃遁。

青年渔民跪在葛云飞跟前说："大人，你还认识我吗？我是螺头村的鲍虎，家父鲍祖威曾蒙大人在风暴中相救，本想去总兵府谢恩，又怕大人公务繁忙，不敢打扰。刚才与兄弟们捕鱼，恰巧见海匪攻击悬着'葛'字旗号的官船，因此特地赶来助战。"

葛云飞急忙扶起鲍虎说："本镇在镇海大营就见过你，你父亲与黑水党英杰行侠仗义，在海上威望极高。定海失陷时，你们父子捉英俘立了大功，今天也多亏壮士，黑老鹞心狠手辣，不除掉，定海不安宁。壮士熟悉海道，请相助引路。"鲍虎带着船队，扯满风帆向黑老鹞逃窜的方向追去。夜色渐渐浓了，鲍虎目不转睛盯住拐弯抹角尽绕着险礁丛岩转的带角船。忽见前面兀立两块岩，似两只黑虎雄踞在海面，这就是东海有名的“虎蹲”。

忽听到前面发出一阵惨叫，只见一条带角船在岩礁侧的凹穴里翻掉了。礁门仅容一船通过，前面的船无法回救，落水的匪徒随潮卷入礁门内。

葛云飞的快船进了礁岩的门，被潮水冲撞着。葛云飞亲自掌舵入门。海面冒起一块尖石，状如虎牙，激得水花四溅，眼看快船即将撞在岩石上，士兵发出一片惊呼，葛云飞却不慌不忙，只把舵稍稍一转，船只擦边而过，人们不由长吁一口气。鲍虎情不自禁赞叹：“葛大人的舵艺真高呀！”

行驶许久，两船始终拉开距离，葛云飞抬头看看天色，估计快要涨潮了，便当机立断，把舵一扳，力抢上风，顺风顺潮拦腰插去，另一条快船从旁侧包围上来。“上船，擒捉黑老鹞。”葛云飞说完率先飞身过去，葛以敦、鲍虎也紧跟着跳上敌船，将匪徒一一擒住。谁知其中竟无黑老鹞，众人从船头到船尾，寻遍每一块船板，也未见黑老鹞踪影。葛云飞心里觉得纳罕，猛然想起礁门侧的翻船，顿足道：“又给这个恶贼溜掉了。”原来黑老鹞见葛云飞的船紧追不舍，越来越近，便故意弄翻船只，潜伏水底，待另一条匪船引开快船，就钻出来跑了。

四、内奸落网

黑老鹞逃脱追捕，夤夜窜到定海城，径自奔到街头的一处宽大宅院，一猫腰轻巧地上了墙，悄无声息地跳入院内。

这大宅院早先是杨阿三的鸦片馆。杨阿三原是渔行主，平时横行乡里，是有名的地头蛇。英商倾销鸦片时，他见有利可图，就勾结海匪黑老鹞，一个管运，一个包销，大发横财。后来，杨阿三的鸦片馆被葛云飞查封，杨阿三的日子遂窘迫起来。英军占领定海，他便卖身当了汉奸。

我国在历史上有外敌入侵时，往往会出现对比十分鲜明的两类人：一类人铁骨铮铮地抗击入侵者，他们视死如归地战斗，给一代代后来人的灵魂注入扭断锁链的勇气；另一类人奴颜婢膝地为侵略者做走狗，出卖国家、民族，他们被人们视为坏人中最坏的一类——汉奸。

鸦片战争一打响，英国人搜罗、收买中国的败类充为帮凶。他们有的为侵略军代撰文告，引路做向导，攻城略地；有的四处购买物资，为英军提供后勤补给；有的勾结官府内奸，搜罗情报，成了英国侵略者的耳目。英国军官宾汉在所著《英军在华作战记》中吹嘘：“最机密的政府公文的抄件、关于人事及措施上所计划的变动，这种情报常常有人送给英方，钱，就是得到情报的手段。”

杨阿三投靠英军后，与布定邦一起替英军购办粮食、牛羊等物资，布定邦被定海洋岙乡勇抓住押往镇海大营，杨阿三依旧给英军当买办。葛云飞收复定海，杨阿三逃遁到广州一带洋面，近日受英军派遣，悄悄潜回定海，搜罗定海城防军事情报。

此刻，杨阿三正静候着黑老鸹探视定海沿岸炮位的结果，忽闻一阵轻微的声响，黑老鸹已站在他的面前。

杨阿三听完黑老鸹在海上战斗的经过，不由打了个寒战。他稳了稳神，说：“老黑，赶紧离开定海！”杨阿三叫黑老鸹迅速将观察到的炮位填入摊在桌上的定海城防图中后，急忙卷起来用蜡严密封好，搓成丸，放进贴身口袋。他与黑老鸹乔装成商贾模样，溜出弄堂，急急忙忙向西北方向奔去。

此时，葛云飞在船头审问匪徒，得知杨阿三潜来定海，与黑老鸹搭档为英军刺探定海军事情报，便立即传令快船返回定海。葛云飞派出的亲兵回来复命，搜遍杨阿三的鸦片馆不见人影。刻不容缓，葛云飞撒开天罗地网，严密封锁各个出岛的港口。

杨阿三和黑老鹞奔到岑港，天还未亮，浅灰色的天空中浮着几颗失光的星星，一切都还在睡梦中。街上一片沉寂，只有两边树枝上的露水，滴滴答答发出一些轻微的声响。他俩心里窃喜，这里一切如常，放心地走向海边去寻渡船。

港湾里泊着几条帆船，但都黑灯瞎火，船夫还在梦乡。杨阿三和黑老鹞正想上船喊人，洋面出现一道光，一阵摇橹声传来，一条渔船回港了。杨阿三急忙上前招呼，谎称自己家有急事，要去镇海，恳求相助。船上的两个渔民见杨阿三一身商人打扮，后面跟着一个仆人，倒也没啥疑心，只是捕鱼刚回来太累，一身汗酸，想回家去洗个澡，杨阿三不肯答应。黑老鹞早就不耐烦了，换了平日，他早就抽刀相逼了，可是眼前要不得威风，只得忍气吞声地说："老大，我家主人的老爹快死了，你俩渡一下吧！"一边说，一边拿出一块银锭，表示愿以重金答谢。两个渔民经不得杨阿三和黑老鹞絮絮叨叨的恳求，甩手丢开银锭，说："这银子我们不稀罕，上船吧！"杨阿三和黑老鹞捞到了救命稻草，欣喜万分地跳上船。

在杨阿三、黑老鹞与渔民对话时，对面帆船舱里的一双双眼睛正牢牢地盯着，见两个恶贼上了船，便揭开舱板跳了过来。杨阿三和黑老鸹不看则已，一看魂飞魄散，站在眼前正是定海镇总兵葛云飞。葛云飞算准恶贼会选僻静的岑港开溜，他背后还跟着鲍虎、蒋显春等人，一个个怒目圆睁。杨阿三全身酥软，跌坐在舱板上。

黑老鸹见情势不妙，便腾身一跃，一头扎入海中，潜水逃遁，鲍虎哪里肯放过，也箭似的射入海中。黑老鸹是著名海匪，身手真的非同一般，他冒出水面，踩水齐腰，如履平地，直向浪花滚滚的大海亡命逃去。

“哼！”鲍虎浮出水面冷笑一声说，“凭你这点水上功夫，想溜出我的手掌？”他似一条蛟龙掀起层层浪花，直向黑老鸹冲去。“恶贼逃不了！”蒋显春也拍浪疾追。

黑老鸹回头一看，扭身又潜入海底，迅速隐入岩礁缝隙藏身。

鲍虎、蒋显春岂肯罢休，也轻舒臂膀，跟踪潜入，紧追不舍。黑老鸹暗暗着急，今日非拼个鱼死网破不可。他趁鲍虎刚近身边，冷不防抓住鲍虎的小腿，死命往礁岩缝里拖。鲍虎倒扭身躯，反而抓住了黑老鸹手腕，用腿向后一蹬，脱了出来，两人在水中似两条蛟龙拼搏。

此时，蒋显春已冲了过来，黑老鸹见了更是心慌。他自己水上功夫比鲍虎稍逊一筹，对方又来了一个帮手，如何抵挡，便慌不择路逃命，竟一头撞在礁岩上。鲍虎将匕首插入黑老鹞咽喉，顿时涌出一股污血，那恶匪沉入海底。

鲍虎、蒋显春回到船上。葛云飞听说黑老鹞已死，便押着杨阿三回定海城。

1841年9月26日，英军主力卷土重来，一场惊心动魄的定海保卫战来临了。

第五章　战火又起　三镇同心

一、这样，战火又烧向定海

贪婪的义律缘何在未满足英国政府要求之前随便放弃舟山呢？

义律来中国已多年，了解一些中国的中庸之道。他在单方宣布与琦善达成了所谓的“穿鼻草约”，占领香港岛

小贴士

中庸之道：中国古代唯心主义哲学观点论，出自儒家文化的《中庸》。中庸之道就是保持中正的立场的规律和方法。简单地说，就是要自我管理，顺应自然规律，时刻保持克制和正气；保持自我心态的和谐与环境的和谐。

后，为了避免给予琦善过度压力，做了一点人情给琦善：将舟山归还。这激起了英国国内强硬派沸沸扬扬的非议：这个义律上校到底搞什么名堂？好端端的肥肉到了嘴里，怎么又吐还人家？

于是，我们看到一个有趣的现象：道光二十一年(1841)初，当琦善在广州交涉中的懦怯激起身居京师的道光帝不满，圣旨中多次训斥之时，远在伦敦的巴麦尊，也为义律的“低姿态”而发火，训令中狠狠批责。琦善和义律因同一个原因，在同一个时间被各自背后的主子罢免了。琦善还被道光帝锁拿进京。

1841 年 4 月，英国内阁会议做出“召回义律，重新占领舟山”的决议，决议送交女王批准后，首相迈尔本正式下达了命令：“兹任命璞鼎查爵士为唯一的全权大臣，接替义律，任命巴尔克海军大臣为远征军总司令，接替伯麦，驰往中国。”

璞鼎查于 1841 年 8 月 10 日到达澳门，召开军事会议，决定了北上的军事行动计划。英军开始了新的军事行动，清廷仍是蒙在鼓里，因为奕山的一骗再骗。

孤坐最高处的道光帝，看不清宫廷之外迷离的世界，他既喜欢——他也只能喜欢金字塔尖的座席，也就不能不让他所厌恶的迷雾所笼罩。

1841 年 1 月 30 日，道光帝授康熙帝第十四子的四世孙奕山为靖逆将军，调集湘、赣、鄂、桂、滇、黔、蜀七省大军，命其统率南下征战。

前方军事那么紧急，而奕山却很悠哉。当时任俄国东正教驻北京传教团监护官的柳比莫夫，目睹了奕山出征场面，觉得很滑稽，在给国内的报告中他写道：

> 我有幸看到这个美妙的场面。将军被抬着，他的陪同人员有的乘马车，有的骑马。不算各种官员，他的随从侍者就有 50 人。就拿与我们教士团联系的官员来说，他与将军一起出发，也带了约 10 人。有的拿弓，有的拿箭，有的拿床垫、枕头，等等。我国如有人接到命令要出发，骑上马就走，而这里不是这样，你等着听童话吧，事情得慢慢做。譬如说，将军打算到前线去 20 天，而抬他就得 30 天，这还是因为按照最高命令，一昼夜必须走两站路程。

在这位俄国人眼中极其荒唐的现象，其实在当时的清廷早已是司空见惯的。

5 月 21 日夜，在道光帝不断催促下，奕山第一次，也是唯一一次主动出击。在以火攻为手段的进攻中，清军分路进攻，一路进攻停泊在白鹅潭的英舰“摩底士底”号，但似乎点火太早，英舰从容转移，脱离了火筏的威胁，“摩底士底”号只有3名水兵受伤，2根护桅索被水勇割断；另一路进攻“鳄鱼”号英舰的情况也不妙，“鳄鱼”号派出的小船，轻松地将顺潮而来的火筏子全部拖开了，没有受到任何损失。

唯一的战果是清军在十三行临时架起的一门大炮，击伤了因为风向和潮水不利而导致转动困难的2艘英军快艇。奕山在奏报中，却把战果扩大为：“炮破其二桅大船二，舢板小船五，其被小舟围焚遁免之大船一，火轮船一，溺洋人数百。”道光帝得此佳音，虽未满足其全歼来敌、擒获敌酋的心愿，但亦可暂舒积郁在胸的愤懑，朱批：“甚属可嘉。”

24日，英军发起反攻，登陆的英陆军包围了广州城，占领城北越秀山炮台，将整个广州城置于其野战炮台的炮火之下。清军此时已丧失一切抵抗能力，战败已成定局。

5月26日上午，广州城升起了白旗，清方派出使者前往城北越秀山英军司令部求和，得到的答复是，英军司令官只同清军司令官谈判。

奕山迫不及待地与义律达成了停战协议。英方待奕山实践“清兵退至广州城外 60 里驻扎,付‘赎城费’600 万银圆,赔偿先前被焚的商馆等”停战条件后,交还了越秀山四方炮台、虎门横档以上各炮台,海陆军全部退出广州地区,广州之战结束了。

奕山还在继续对道光帝撒谎。本来奕山与义律达成的停战协议,范围仅局限于广东,义律在停战之后的 6 月 5 日,照会两广总督,谓:

> 两国交争诸事,既未善定,仍须向皇上讨要申冤,秉公定事。且未秉公善定以先,仍须强自冤屈,与朝廷交攻。而在粤省,既为约议戢兵,如非钦差将军等自行失信,则斯省定无扰害之情。

而义律收到两广总督关于道光帝批准英国恢复通商的照会后,于 7 月 15 日的复照中再次声明:

> 所有议定戢兵之事,止关粤东一省。至于他省,仍须旧交战不息。迨至安待皇帝允准,将两国衅端尽解。

可见，奕山明知英军将会北上进攻，却不告知朝廷，而道光帝收到奕山一系列连篇谎言的奏折后，未予细究，以为战争已经结束，便于 7 月 28 日，下令各省撤退调防兵勇：

> 现在广东夷船，经奕山等叠次焚击，业已退出虎门。粤省所调各路官兵，现已陆续撤回归伍。所有各省调防官兵，著该将军督抚等体察情形，如可酌量裁撤，迅速奏闻请旨！

正当道光帝将暴风骤雨到来之前的瞬间静寂，当作花好月圆的良宵，高枕无忧之时，璞鼎查率领着一支穷凶极恶的强大舰队北上了！

奕山的谎言，虽使自己免受厄运，却将国家深深地陷入新的灾难之中。

历史，就是这样的令人感慨！

二、三镇举起“同心酒”

海面起风了，浪花一朵连一朵涌来。

葛云飞回头对与自己一起巡洋归来的张绍廷说：“早

点回去，今夜要为王总兵和郑总兵摆饯行酒！”“英船在大目洋、猫头洋出没飘忽，风声那么紧，处州、寿春两镇不和我们一起设防吗？”张绍廷困惑地说。“上命难违啊！”葛云飞叹了一口气说，“天塌下来我们自己顶，地陷下去我们自己填吧！”

这是 1841 年 8 月 30 日的夜晚。

在定海城北门边的一个院落里，葛云飞摆酒为即将撤离定海的王锡朋、郑国鸿饯行。

葛云飞端起酒杯说：“云飞向两位大人敬一杯酒。”王锡朋满怀心事地说：“近日风闻英夷又卷土重来，处在风口浪尖的定海令人忧虑，而偏偏在这个时候，裁兵撤防，实在费解！”“我回到处州也心不安啊！”老将军郑国鸿捋着花白的胡须感慨不已。“军令如山，云飞只好为两位兄长饯行。”葛云飞说。

三只酒杯，在三位总兵的手中沉重地举起……

其实，这饯行酒早在几个月前就该喝了，拖到今日，经历了多少变幻莫测的风云，三位总兵也许不尽知晓。

在浙江的钦差大臣伊里布两眼盯着、两耳听着琦善与义律在广州谈判的信息，得知英方将归还定海，为加浓和解的气氛，上折骗道光帝批准，发文通知各省驰援浙江之师，声称“粤省夷务查办完竣”不必前来，立即撤回。没多久，伊里布定海“翻船”，裕谦来接任。裕谦在驰往浙江途中，得知伊里布已令各省援浙江军队撤回，心急如焚，立即奏报道光帝，请求“将到军营之寿春镇标官兵一千二百名仍行前进，不必撤退”。

裕谦的奏折送达北京时，广东局势突变，清廷已向英国宣战，道光帝批准了裕谦请求，王锡朋率领的寿春镇官兵才得以重新会师定海，同葛云飞、郑国鸿所率之师共守定海。

至道光帝下达“裁师减兵”的命令，王锡朋和郑国鸿不能再在定海待下去了。王锡朋的寿春镇兵属安徽外省兵，明令撤回；郑国鸿的处州镇兵虽属本省，却属减兵之列。裕谦和浙江巡抚刘韵珂体察浙省情形，自从定海收复之后，浙江洋面时有英船出没，船只数量时减时增，此时裁防减兵，不免有些忧虑。这时候，正好从广东、福建的来函得知，“夷船退出虎门后，仍扬言赴浙报复”，裕谦当即奏报道光帝，请求浙省调防官兵暂缓裁撤，在奏折中写道：

> 查该“逆夷”欲赴浙报复，四月间即有此谣，迄今数月并无兵船来浙。即此次该夷在粤扬言，该省系五月间所闻，距今亦将一月，仍无大帮夷船窜入浙境，或系汉奸煽惑，或系该夷虚声

恫吓，均未可知。今唯夷性犬羊，反复是其惯技，既有赴浙报复之言，情殊叵测。

道光帝看到这里，忍不住提起朱笔批道："如有欲行报复，岂肯透露传播？即如上年定海之事，预先有何消息耶？"道光帝继续浏览奏折：

今若骤将防兵裁撤，设该夷联樯而来，当此风顺潮盈，不数日即可抵浙，彼时续行添兵堵剿，诚恐缓不济急。臣再四思维，浙省各兵似应暂缓裁撤，仍咨粤东确探夷情，如果实已驯顺，并无来浙之意，即行迅速咨复，再将防兵酌量撤退，庶海疆重地不致或有疏虞，较为万全。

道光帝几乎没有耐心卒读，批道："书生气太重。"最后在奏折的末尾重重地写下三个大字："另有旨。"

没过几天，裕谦便接到这样的谕旨：

本日据裕谦驰奏，带兵赴浙防剿，请缓撤江浙防兵一折。前因奕山等焚击夷船，"逆夷"退出虎门，降旨令各省酌撤防兵，现在奉天、直隶、山东等省业已先后奏撤矣。粤省咨会"逆夷"赴浙滋扰,既属风闻,从何究其来历?如果"逆夷"别有思逞,断无先行传播透露之理。著裕谦仍遵照前旨,会同刘韵珂、余步云体察情形,于镇海、定海紧要处所酌量暂留弁兵外,其余调防官兵即著奏明裁撤归伍。其江苏防堵官兵,亦著会同程矞采、陈化成酌议撤回,不必为浮言所惑,以致縻饷劳师。

裕谦接旨之后,当即遵命裁防减兵,但他对定海依然放心不下。在撤兵的步骤上,他慎重考虑后奏报:

其定海县地方孤悬海外,最关紧要,本有各营调防及本营兵五千六百余名,拟先撤江南寿春镇标兵六百名,俟现撤镇海官兵完竣后,再行分两次起程。

这一回,王锡朋和郑国鸿离开定海日期已定,留不住了,葛云飞不由感慨万分。他一边为两位总兵斟酒,一边叹道:"两位兄长一走,我如同失去左臂右膀,只有靠'昭勇''成忠'助我了。"

"昭勇、成忠?"两位总兵不解其意。葛云飞放下酒壶,转身从墙上取下两把佩刀,向两位总兵说:"这两把刀是黑水党老英雄鲍祖威赠我的,是鲍家先祖当年跟戚继光将军抗倭的宝刀,一名'昭勇',一名'成忠'。"

王锡朋和郑国鸿见那佩刀,绿鲨鱼皮鞘上嵌着两条金丝蛟龙,刀把上系着一束两尺长的红绸。葛云飞抽刀出鞘,一道蓝光在眼前划过,光芒闪烁不定,一股冷气扑胸。那刀尖长,锋利无比。他从刀柄上扯下一片红绸,搁在刀口上,只轻轻一吹,两片红绸好似两只蝴蝶轻盈地飘落在餐桌之上。郑国鸿和王锡朋不禁齐声喝起彩来:"好刀!"

王锡朋顿时兴起,整整衣冠,拿起双刀,刚柔有致地舞起来。举座为之击掌。收刀时,王锡朋端详着佩刀说:"昭勇、成忠,好名字啊,精忠报国,所向无敌!"

曾著有《诗经疏义》的郑国鸿,此时顿生雅兴。他深知葛云飞能文能武,便转身说道:"葛大人,你有宝刀相伴,可喜可贺,怎么样,作宝刀歌助助兴吧!"

葛云飞一听,不由诗兴大发,说:"拿笔墨来。"这两把佩刀,寄附着抗击强寇的民族之魂啊!葛云飞望着寒光闪闪的佩刀,心中热血沸腾,扶纸奋笔,灵思飞动,《宝刀歌》仿佛从天而降:

快逾风，

亮夺雪，

恨斩夷人头，

渴饮仇敌血。

有时上马杀贼贼胆裂，

灭此朝食气烈烈。

嗟吁乎，

男儿自处一片心肠热！

舟山鸦片战争纪念馆陈列的《宝刀歌》

正当三位总兵欣赏宝刀、论诗抒怀、饮酒话别的时候，一阵急促的马蹄声在院门口戛然而止。驿兵送来了浙江巡抚刘韵珂的急件。葛云飞接过函文一看，顿时收住一脸笑容：“英夷攻占厦门，先遣船只已经北上，要我做好战斗准备。”

王锡朋一听，重重地放下酒杯，激动地说：“什么休战，英夷一刻也没有停止过战争，可上司还要撤防回营。"郑国鸿接过话茬："英夷必定是奔定海而来，我们不能撤。"葛云飞感动地说："两位大人要是愿意留下，我马上飞书大营，恳求再留两位助我守卫定海。""哪里话，"王锡朋攥紧拳头，说，"大敌当前，叫我撤，我也不撤！"郑国鸿也激动地说："我这把老骨头来到这里，为的就是与'逆夷'刀刃见红这一天！"葛云飞一听，当即撤下酒杯，换上海碗。满满的三碗酒，在烛光的辉映下，泛着如血的亮光……

三位总兵同时举起酒碗说："我们三人同舟共济，誓守定海！干！"

三、两代军队的对峙

1841 年 9 月 25 日傍晚，英军进入定海港进行侦察，清军高度戒备。9 月 26 日下午，30 多艘英国舰船横陈于吉祥门外洋面，酷似一道庞大的黑森森的城垣。

大敌兵临港口。葛云飞便马不停蹄辗转城防各个要塞，激励士兵擦亮火炮，磨快刀，严阵以待，并说："杀敌报国的机会来了，跟'红毛鬼'拼一场吧！""愿与葛大人同生死!”将士们的呐喊声压过东海的涛声。

璞鼎查站在英军旗舰“威厘士厘”号的甲板上观察着定海,呈现在这双狡黠的蓝眼睛前的这座不幸的岛屿的确是今非昔比了。半年多时间里,这座岛屿的防御布置可以说达到了有史以来最强的程度。

胜利往往使人麻痹,而失败却常常给人以力量。以葛云飞为主将的三镇总兵率 5600 余名官兵据守定海,在东海防御中第一次做出了重视反登陆作战的综合防御体系。以定海城为核心,正面是长长的土城,东南方向的东岳山兴建了震远炮城,环山“一百三十一丈”的炮台工事可四面对敌,竹山门也筑起了炮台;西北边陡峭的晓峰岭上,一个壕堑连环的步兵阵地竣工,一座石头炮台虽然还未最后完工,但也初具形状……定海城周围山上有岸炮 22 门,城垣周围有大小火炮 41 门,土城之上有火炮 80 门,一门门黑森森的炮口,警惕地朝向风云变幻的海面。

璞鼎查是个饱经战争风云的军人。他预料此番攻占定海不可能像去年伯麦探囊取物般轻松,面对定海这座立体防御的岛上城郭,他心底谋划着鸦片战争中一场程序最复杂的攻坚战。

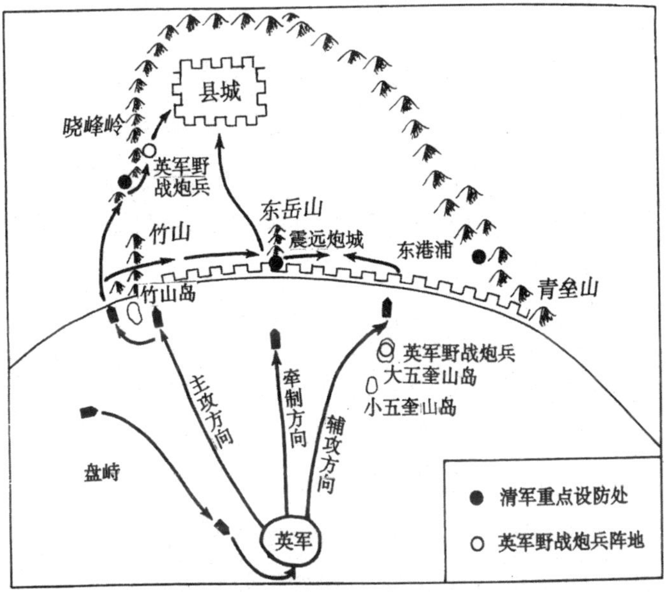

定海防御、作战示意图

双方主帅都尽力发挥着自己的智慧，谋取战争的胜利。

不过，当我们透过两军的阵容，看一看这两支军队截然不同并且发人深思的“背景”，便清楚地知道展示在眼前的是“古代”与“近代”两支军队，我们无法想象拿着大刀的清兵与拿着来复枪的普通英兵怎样战斗！即使定海的海防工事再强一些，即使葛云飞是当年韩信、诸葛亮再世，恐怕也难以守住被裕谦吹嘘为“屹若金汤”的定海城。

英国自击败西班牙的无敌舰队与拿破仑后，海军力量发展到高峰，已是世界第一等强国。1837 年，英国海军已有 21 艘蒸汽舰船编入现役。此后，英国紧随海军装备的发展，不断更新舰船和火炮，继续保持着世界海军第一的地位。

看一看清军的“背景”，多么寒碜，多么可怜呀！

在弱肉强食的殖民主义时代，西方各国始终把武器装备的研制和生产放在最优先的地位。然而，清朝的统治者似乎不留心这点，长期崇尚骑术，部队以装备弓、刀、矛、盾等冷兵器为主，使我国在军事技术和战术上的许多发明创造未能充分地研究与利用，也阻碍了西方先进军事技术、战术的引进。

小贴士

冷兵器：狭义上冷兵器是指不带有火药、炸药或其他燃烧物，在战斗中直接杀伤敌人，保护自己的近战武器装备。广义的冷兵器则指冷兵器时代所有的作战装备。冷兵器按材质分为石、骨、蚌、竹、木、皮革、青铜、钢铁等兵器。

清初，我国的火器发明家戴梓曾制造出类似机关枪的“连珠铳”，一次装填可连续发射28发子弹，可谓当时世界兵器技术之最高水平。遗憾的是，清政府将其只用于玩赏，束之高阁。明末清初引进的西洋大炮及“开花炮弹”技术尘封禁锢。现存北京故宫博物院的清初炮弹几乎全为“开花炮弹”，可在鸦片战争中何曾见过清军发射过一发“开花炮弹”。别说一般官员，就是道光帝也忘了自家还有守家的“法宝”，甚至连主持海防的林则徐与当时造炮专家黄冕都闹了不知“开花炮弹”为何物的大笑话。至19世纪70年代，左宗棠督师西征新疆，在陕西凤翔发现明末所遗“开花炮弹”之实物，据《左文襄公书牍》记载，他不禁仰天长叹：“利器之入中国三百余年矣，使当时有人留心及此，何至岛族纵横海上，数十年挟此傲我？”于鸦片战争前，清军的装备始终处于冷热兵器混合并用的落后状态，冷兵器约占50%以上，而所谓热兵器也仅是鸟枪、抬枪一类十分简陋粗糙的火器。中国的火药，起源于炼丹道士的偶然发现，这就使中国火药理论一开始就蒙上了阴阳五行学说的面纱，妨碍对其做科学分析。此后火药发展主要凭经验，鲜有理论上的揭示。至鸦片战争时，中国工匠制造火药和炮弹的知识，远不如西方的传教士丰富，而民间的五花八门的烟花爆竹却丰富多彩！

小贴士

热兵器：又名火器，古时也称神机，与冷兵器相对。是一种利用推进燃料快速燃烧后产生的高压气体推进发射物的射击武器。传统的推进燃料为黑火药或无烟炸药。装备先进火器的军队，在和用冷兵器的军队进行作战时，占有绝对优势。

道光帝至泉下，得知中国早有机关枪般的“连珠铳”和“开花炮弹”，面对众多抗英而英勇献身的将士，不知做何感想？

让我们再回到两军阵前，对双方的装备，做一番比较。

眼前英军参战的军舰，2 艘最大的属英军的大型舰船，长达 108 米，载员五六百人，装备火炮 74 门；参战的中型舰船长约 90 米，载员约 320 人，装备火炮三四十门；小型舰船，载员约 160 人，装备火炮一二十门不等；武装轮船，长约 60 米(或 70 米、80 米)，装备火炮 10 门，载员约百人。英军这种舰船，防护能力很强。穿鼻洋海战中，关天培指挥水兵用 3000 斤铜炮击断英旗舰“窝拉疑”号船鼻，接着又有战船对该舰攻击，击破该舰后楼，打穿左右舱口，可是所伤只在舱面，其舷墙船底，炮弹均未能穿透。

舟山鸦片战争纪念馆所藏英军大炮

再看看英舰的火炮。英舰炮大者重 8000 斤，小的也有 4000 斤，均为铜、铁铸成，炮膛光洁度好，火炮引门皆在膛底，大小适度，瞄准装具先进，不仅装有瞄准星斗，而且配置炮规，炮架坚固，有转轴可以上下左右转动，射程远，有效射程为 1000 米至 2000 米，炮弹光洁圆滑，且有多种类型，火药加工精细，杀伤力强。

随舰队而来的英国陆军部队拥有步兵、炮兵和工兵。步兵已普遍装备了伯克式前装滑膛燧发枪，每分钟可以发射 2 至 3 发子弹，最大射程约 220 米，还装备了少量布伦士威克式前装滑膛击发枪，最大射程为 330 米。

当我们把视线转到定海城时，清军的情形一目了然。清军的炮台，采用的是西方19世纪已基本弃之不用的圆形、半圆形平面裸露式建筑，防护能力很差。有外国人对它评论说："炮台都是裸露式的，没有一个能够抵挡住一只大型炮舰的火力，或可以抵御在岸上与舰炮配合的突击队的袭击。突击队总是从它炮火不能顾及的侧面或后面找到最佳地点来进攻。"以广东的乌涌之战为例，英军3只小船在测量水道时，遭到清军一个隐蔽炮台的袭击，小船上的英兵迅速跳上岸向炮台开火，只一阵射击，200多名守军中，近十分之一被打倒在地，余下的人不得不躲进一旁的树林里。

清军的火炮射击距离还不到1链远，没有几颗炮弹能有足够的力量击穿英舰两边的舷墙，许多炮弹连敌船外部腰板都未能损伤丝毫就掉下来，更有甚者，几乎是一出炮口就滚了下来。

伯麦攻占定海时，怀着好奇心，命军需官解剖清兵的炮弹，翻来覆去细细琢磨，找不到开弹的关键，费了九牛二虎之力还是打不开，后来大胆地拦腰一锯，才发觉是实心的铅弹。

更糟糕的是，清军的火炮装的药少了打不出去，装多了自炸自伤。许多清兵宁可使刀使箭，也不愿意操持火炮。虎门之战中，关天培亲操大炮，不料火门透水，炮弹打不出去，结果英军从炮台背后登陆，关天培英勇战死。是役，清军的火炮曾 8 次炸裂。林则徐在战后说：“彼之大炮，远及十里内外，若我炮不能及彼，彼炮先已及我，是器不良也，彼之放炮，如内地之放排枪，连声不断。我放一炮后，须辗转移时，再放一炮，是技不熟也。”

舟山鸦片战争纪念馆所藏清军大炮

清军步兵的武器更加落后。清军的步兵手持的大多是大刀、长矛和弓箭等冷兵器，还有鸟枪和抬枪，其中鸟枪最多，这种枪使用火绳发火，有瞄准装置，带推弹杆，用圆形铅弹，重 6 斤。抬枪形状完全与鸟枪相同，但比鸟枪更大更重，重量从 12 斤到 30 斤不等。这两种枪

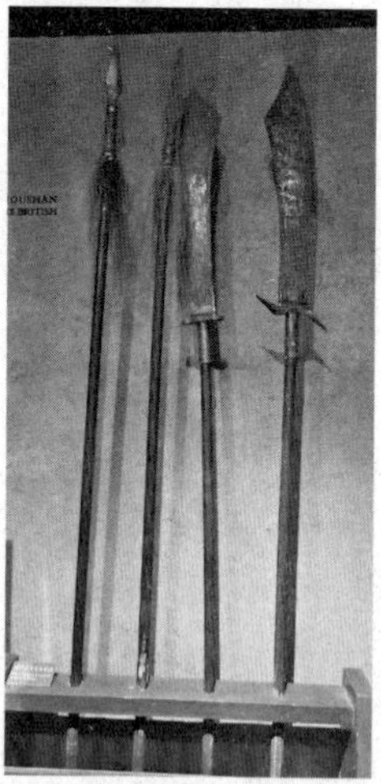

清军将士使用的刀、矛等兵器

都是手工打造，质量低劣，射程100米至200米，命中精度都比燧发枪低得多。

我们看到的，仅仅是两军的武器装备，至于更主要的——武器和人们的组织运用方式——战略技术，两军的差距就更大。

已经再明白不过了，这是“古代”与“近代”的两代军队的对峙。即将爆发的战斗，仿佛普通人与身怀妖术的魔鬼战斗。

这种对峙，不仅告诉我们战争的结局，还告诉我们许多、许多……

第六章　危机重重　誓死血战

一、狡猾的璞鼎查

1841年9月26日下午，横水洋上，英国全权代表璞鼎查站在英舰“威厘士厘”号的帅台上，久久地凝视着竹山门、晓峰岭一带的清军炮台。

下午2时许，英舰“弗莱吉森”号和“复仇神”号在两艘火轮船的引导下，由竹山门乘潮向内港驶来。

葛云飞见这是杀敌的最好时机，立即传令：“瞄准敌舰，迎头痛击！”敌舰越来越近，进入了清军火炮的射程之内，葛云飞下令：“点火，开炮！”轰隆隆！英国舰船有的舷墙中弹，有的风帆穿洞，水道上掀起一片浪柱。

土城上炮声隆隆，火光闪闪，一艘敌舰被击断主桅，敌舰上被击碎的舢板残骸，冒着黑烟漂浮在炮弹掀起的浪花中。

英国侵略军第二次侵犯定海图

璞鼎查真是一只狡猾的老狐狸。当“弗莱吉森”号舰长见势不妙，慌忙下令转舵，与那艘被击断了主桅的敌舰一起正要退出竹山门时，璞鼎查下令，舰船绕入大渠门，强行进入内港窥探土城。凭丰富的战斗经验，璞鼎查已知道清军的火炮声音大，硝烟浓，但炮弹的威力不大。

果然，4 艘闯入内港的英国舰船虽然都被清兵炮火击中，但只不过是桅樯摇晃了几下，舰舷擦破了一点皮，风帆破了几个孔，最厉害的也只不过断了一截桅杆。

正在东港浦督战的定海镇左营游击张绍廷，待英舰进入火力范围之内，命令炮手点火开炮。一发发炮弹朝着敌舰飞去，炮声响成一片。

敌舰因执行侦察任务，无心反击。璞鼎查命令舰船航行于清军火炮的射程之外，拿起望远镜仔细地观察着青垒山一带的防御设施，查看了大、小五奎山的地理形势，不一会儿便转帆离去。

海面恢复了平静，敌舰船带着帆上几个破洞和受损的桅杆退出港面，定海守军无一损伤，这对清军来说是一个不小的鼓舞。一片旗开得胜的欢呼声响彻定海道头港。

总兵郑国鸿、王锡朋以及知县舒恭受， 起策马前来祝捷。土城上人欢马跃。忙着慰问部队的舒恭受，早就为三总兵斟了满满三碗白酒。三总兵举起酒碗，一饮而尽。

在清军将士扬眉吐气，欢庆胜利之时，葛云飞始终保持着冷静的头脑。他向将士谆谆告诫：“骄兵必败，今日之战，未损敌军主力，我们不要高兴得太早！”他传谕各兵弁，继续加紧防御，切勿以胜利而松弛。

就在三总兵祝捷的时候，在“威厘士厘”号的督战室里，璞鼎查主持召开的作战会议在紧张进行。会议刚开始就差点争吵起来。参加过去年攻打定海的一些指挥官，对璞鼎查此次的军事行动如此小心谨慎不以为然。

对今天堂堂的皇家海军战舰被击断主桅仍不开炮还击，更是愤愤不平。被击断主桅的那艘战舰舰长，咬牙切齿地说："今天是我最大的耻辱！"

璞鼎查瞟了他一眼，说："给你换一艘舰，马上让你去打个痛快。"指挥官们一听，精神为之一振。璞鼎查停顿了一下，改换一种口气说："定海有葛云飞在，不同别的地方。今天看了定海的防守和清军的士气，的确非同一般。为慎重起见，我们还要进一步侦察。"璞鼎查在会上部署了第二天的军事行动。

当晚，定海镇中营大帐内，灯火通明，帐外士兵持枪擎刀来回巡逻。帐内，葛云飞正主持着紧急军事会议，对定海保卫战做出新的军事部署。

葛云飞指着定海城防图用商讨的口气说："定海城三面环山，一面临海，东西峰峦重叠而且离海较远，岸边礁岩嶙峋，登陆困难，只派少量兵力据守就行；英军冲滩必定选择临海较近的西北两面和有陆路与海直通的南面，必须重兵把守，北面晓峰岭是县城之背，陡峰绝崖，临海有一处可以俯瞰县城，请王总兵挑起守岭的重担，以保县城背脊，弟派右营游击胡得耀率兵 300 名，协助王总兵防守晓峰岭西侧岩崖；西面竹山门也靠海仅一路可通，请郑总兵把守；弟熟悉这方地理，愿驻南面道头，那里地面开阔，空旷无遮蔽，是定海进出海口的必经之路，夷寇窜来，大多从那里登岸，自然应由弟挡前敌。”

王、郑两总兵，心领神会葛镇台照顾之情。“在下一切听从葛大人安排！”王锡朋心胸开阔，一向主张与友军协同作战，休戚与共，自然无异议。“我这颗棋子，任凭葛大人摆放！”老将郑国鸿捋一捋花白的长须说，“赶上这么一次报国之机，我这把老骨头丢在海边也值了！”会后，郑国鸿和王锡朋立即带领本部兵马，从县城分赴西、北两处偏地，各自设防守险去了。

27 日凌晨，“复仇神”号等 3 艘英舰，驶至竹山门边的洋面，向竹山的炮台和军营轰击，进行一次陆上实战侦察式进攻。英舰发射了数百发炮弹，将竹山炸得草木纷飞。竹山的火炮也同时引发火线，密集的炮火带着仇恨向敌舰排山倒海般扑去，黑色的硝烟弥漫海空，炮台、土堡在剧烈地晃动，整座竹山都愤怒地颤抖。竹山门守军初次应战，士气高昂，各个火力点都一齐开火，暴露无遗。

在英舰猛烈炮火掩护下，安突德率领 50 名步兵登陆了。爬上了一处岸上高地后，安突德命令士兵向竹山清军营帐和炮台开枪射击，引诱周围防御工事暴露兵力和火力。他做梦也没想到差点在这里丢了性命。正当他不紧不慢地举起望远镜，观察清守御兵力和火力分布时，突然埋伏在近旁石崖后的清兵呐喊着冲出来，英军措手不及，背起5名伤兵，丧魂落魄地逃回船。

璞鼎查站在英舰“复仇神”号的甲板上用望远镜观察着竹山发生的一切，忽闻舷外响起哗哗的水声，他探头一看，只见舷边有个英军浮沉，急忙叫士兵把那人救上来。璞鼎查见了此人，笑眯眯地说：“上尉，辛苦了，干得好！”“司令，我从岩谷滑下，跌进海里漂过来，太惨了！”安突德颤抖着身子，惊魂未定地说，“今天的行动失败了，请司令处罚我吧！”“不”，璞鼎查拍着安突德的肩膀，指着放在一边的圈圈点点的定海清军城防图说，“上尉已完成了侦察任务，你的作为使我清楚了竹山的一切，该给你记功，快去换衣服吧！”璞鼎查已经意识到了定海之战是中英之间一次大比拼，守御定海的是一支抵抗力颇强的精兵，他更加小心谨慎了。“侦察，再侦察，直到弄清楚定海城各个防御点一切军事设施。”璞鼎查心里算计着下一步行动。

27日晚，在夜幕掩护下，英军3艘火轮船和1艘主力战舰，悄然驶入定海内港，直逼土城。墨黑的海面上，突然闪起火光，英舰率先开炮，密集的炮弹在土城一线爆炸，顿时飞沙走石，炮声隆隆。

“对着海上火光，开炮！”葛云飞指挥各营开炮还击。双方展开激烈的炮战。英军舰船后撤一段距离，使清军炮火失去了威力。英军依仗舰炮射程远的优势，继续对土城进行轰击。土城清军不甘示弱，继续全线开火。排炮的炮弹在离敌舰很远的海面上爆炸落水，腾起一片厚厚的、高高的烟幕火墙。

璞鼎查和巴尔克通过望远镜，把清军火力点一一画入军用地图。炮战持续了 2 小时，璞鼎查下令：“撤！”一位陆军指挥官忍不住问：“总司令，明天登陆攻城吗？”“不，还要侦察！”璞鼎查说。“还要侦察？”陆军指挥官目瞪口呆，喃喃自语。

英舰退出了定海内港，定海守军没弄清这只是英军的侦察试探，又向镇海大营传了一份捷报。

二、一碗参汤

前线的枪炮声，牵动了定海万千民众的心。

这是一个紧挨着前线的渔村。自从英国舰队来犯，渔民便出不了海，就是下地耕种，也时常受到炮火的威胁。渔民们对侵略者恨得咬牙切齿。这些天，眼看着敌人频频进攻道头、竹山门，乡亲们挂念着：那里的守军伤亡有多大？能否坚守得住？去年参加过抗英行动的渔民更是摩拳擦掌，耳听激烈的枪炮声，他们又拿起锄头、大刀和棍棒……

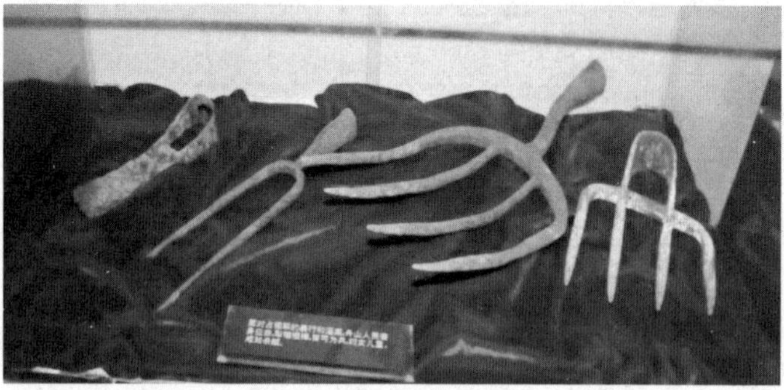

定海民众抗英兵器

定海保卫战到了最危难时刻。

战争一开始，英军便切断了海上运输线。定海战场的前线与后方，也常常受到炮火的封锁，部队的粮食和食品供应不上。加上阴雨绵绵，平地积水，驻守前线的清军将士连生火煮饭的地方也难以找到。士兵们开始每天还能分到半斤干粮，后来只有三碗稀饭，很多士兵饿着肚子坚持战斗。在这艰难时刻，民众抬来了一口口大锅，砌起了一个个炉灶，各家各户端来地瓜干和大米，在城里各个庙宇和祠堂廾起了炊烟。许多健壮的青年男女，挑着木桶，提着饭篮，往前线送水、送饭……

清军和英军是两代军队开仗。清军自然不明近代战争样式和作战特点，因而无法识破英军几天来连续不断地出击、侦察火力，以确定主攻方向与建立野战炮阵地以支援作战等军事行动，只是战前准备工作，尚不是正式进攻。因而将英军每一动作都无意有意地当作正式进攻而抵抗，结果高度紧张，在雨水中连续应敌，清军士兵们的体力大大消耗，战斗空隙还要加修工事，就是到了夜晚，眼看着远处敌舰的灯火，也不敢合眼歇息，部队已经疲惫不堪。为了日后的战斗，葛云飞下令：根据潮水情况，退潮时敌舰无法深入，部队可以轮流休息。命令虽下，可是部队战备值勤任务很重，人力有限，难以安排休息。就在这个时候，手持锄头的渔民上来了，精神抖擞地帮助守军站岗放哨……

炮战正在紧张进行。这边山洪暴发，到处积水，弹药眼看就要被水浸泡，必须马上转移，可是士兵们不能离开炮台半步，英军的舢板载着步兵破浪而来，那边炮台的弹药即将耗尽，关键时刻火炮不能停止射击。就在这些紧要关头，老百姓不顾脚下道路泥泞，不顾头上炮弹呼啸，大汗淋漓地把弹药运上来了。他们刚把弹药卸下肩，看到低洼处的弹药浸水受潮，立即又把它扛到干燥的地方……

该是吃午饭的时间了，倾盆大雨下个不停。夜以继日战斗，士兵们饥肠辘辘，实在坚持不住了。有的有气无力，有的晕倒过去。望着绵绵不息的雨，望着通往城里的路上空无一人，士兵们感到失望。不知过了多长时间，突然一阵嘈杂的人声把士兵们惊醒。抬头一看，知县舒恭受冒雨领着乡亲们送饭来了。舒大人亲自给士兵端饭送水，士兵们无不感激涕零……

傍晚时分，风还在刮，雨还在下，送饭的队伍按时出发。自发加入送饭队伍的老百姓越来越多，大多提着用雨布严严包裹的饭篮，有的衣服里还裹着香烛。阵地上，饭篮一打开，士兵们个个都呆住了。忽然想到，今日是中秋节呀！饭篮里一层装着节日佳肴，另一层装着月饼。乡亲们点燃了香烛，面对袅袅的青烟，将士们跪地叩头，热泪盈眶。这一夜，将士守着一海浪涛。

9 月 30 日，定海保卫战进入了第五天。这一天，英军发疯似的四处进攻，守军在十分疲惫的情况下奋力抵抗，守住了阵地。总兵葛云飞每天只能吃到光饼 9 个，合约不到 3 两，加上已有几夜没有合眼，眼睛里布满了血丝，但他仍然斗志高昂。这几天，他头裹黑布，身穿麻布衣袍，足蹬铁齿靴，率士兵往来于泥水之中，支持不住时便和衣躺在草席上，稍稍歇息片刻后继续认真组织防御。这一切，支援前线的老百姓无不看在眼里，心中不禁涌起敬爱之情。此刻，葛云飞从土城东头踩着泥泞向西边走来，头上细雨霏霏，湿透衣衫，几位定海父老上前把他拦住。一位手提红木小桶的老人，揭开了盖子，捧出一碗热气腾腾的参汤。

“葛大人，你四五天没有离开土城了，就是铁打的筋骨也撑不住啊，乡亲们凑钱买了点人参，熬了参汤，补补身子吧！”手捧参汤的老人情真意切地说。

葛云飞双手抱拳，向几位父老施礼，泪流满面地说：“葛某身为守土之官，不能驱逐夷寇，还有什么面目见我父老！即使每天喝定海一杯水，心中也感到不安。如今将士们忍饥杀敌，我岂能独饮参汤？”

说话间四周围士兵和百姓，一起请求葛云飞喝下参汤：“定海存亡系于葛大人一身，千万请大人喝了！”

葛云飞接过参汤，两行热泪悄然流过脸颊，只见他突然把参汤倾入土城旁的小溪里，大声对将士们说：“诸位与葛某挨饿苦战多日了，请共饮此水，让我们同甘共苦，奋力杀敌，保卫父老乡亲吧！”

将士们都掬起一捧水同饮。清清的溪水倒映着将士们刚毅的杀敌面容，倒映着土城上一面面飘扬的战旗。

三、祭　旗

台风卷走了一天的雨云，玉盘般的月亮高悬夜空。

9 月 30 日，决战前夜，东岳山的东岳宫肃穆庄严。葛云飞要在东岳宫正殿祭旗誓师。

宫前的广场上，安置着一张长案桌，桌上铺着红布，放着香炉烛台，在广场的四周，士兵列队手握枪杆，乡勇列队肩扛矛、棍、铁耙，手持刀、斧、弓箭，雄赳赳，气昂昂，数十面各色彩旗在队列中迎风飘扬。

“葛”字大纛飘在广场中心临时竖起的一根旗杆上，各军的旗帜簇拥着这面大纛。旗杆上悬挂着姚怀祥殉难时留下的血书——“驱逐英夷，寸土必争”八个字，让人热血沸腾。

旗杆前设一祭台。一名膀大腰圆的刀斧手伫立一旁。他身穿血红衣裤，头扎红头巾，手中的大刀闪着寒光……

万事俱备，只等葛云飞到来。

此时，在葛府的厅堂里，葛夫人已经备好酒肴，也在等待着葛云飞。葛夫人到定海探亲已经两个多月了，可是与葛云飞只见过几次面。葛夫人不时倚门聆听着外面的些许响声。葛云飞已经有好几天没有踏进家门了。一阵马蹄声戛然而止，葛云飞回来了。夫人喜出望外，赶忙迎上前去，拍去夫君一身征尘，仔细端详，明显消瘦了许多，又见他一脸疲惫，赶忙扶葛云飞进屋坐下歇息。

夫人正要去煮酒热肴，葛云飞拦住道："夫人，你赶快收拾一下，待会儿有船到镇海大营去，替我给镇海大营报讯，请求他们趁侵略者还没攻占定海，赶紧发兵支援。""要我报讯，大人自可放心。不必收拾什么，我马上跟船过去。"葛夫人说。她看自己派上用场，忘记了方才思念夫君之情。

葛云飞喃喃地说："至镇海办完公事，就直接回老家。""这……"夫人突然一惊，望着窗外明月，泪流满面地说："夫君为何这么说？"葛云飞解释说："英夷这次来犯，看样子不占领定海不肯罢休，近日必有恶战，我照顾不了你，不如回老家，我好一心杀敌。"夫人抽泣着说："既然恶战在即，就让我留下来和你同生死吧！""不！"葛云飞深情而又斩钉截铁地说，"你留条命，将来好为我收尸！还有，你要照料好老母亲，告诉她儿子为国尽忠了，没给她老人家丢脸！你要代我尽孝，并告诫以简、以敦儿，继续完成我没有完成的事业！"听到这里，夫人不由心如刀剜，泣不成声。葛云飞催促道："没有时间了，快走吧！"

葛云飞送走夫人后，立即翻身上马，直奔东岳宫。东岳宫人声鼎沸，从四面八方涌来的乡民，手持火把，拥挤在广场四周，火光把整座东岳山映得透红。"葛大人到！"随着一声喊，人群中闪出一条道来，葛云飞快步走进广场。

三声炮响，葛云飞登上用木头搭成的祭台。他头戴红珊瑚顶子双眼花翎的官帽，身穿绣着雄狮图案的大红补服，外罩上玄色马褂，披灰色披风，腰佩"成忠""昭勇"两把宝刀，踏一双金丝皂靴，一改往日布衣旧履的穿着，显得豪气勃勃，威风凛凛。

小贴士

清代官服：主要品种为长袍马褂。官帽与前朝截然不同，凡军士、差役以上军政人员都戴似斗笠的纬帽，按冬夏季节有暖帽、凉帽之分，还视品级高低安上不同颜色、质料的"顶子"，帽后拖一束孔雀翎。翎称花翎。一品官员官服为红宝石顶戴（亮红）、九蟒五爪蟒袍，文官补服上的图案为仙鹤，武官补服上的图案为麒麟。二品官员官服为红珊瑚顶戴（杂红）、九蟒五爪蟒袍，文官补服上的图案为锦鸡，武官补服上的图案为狮子。总兵为武二品。

以守备陆昌言、游击张绍廷、外委武英太、千总蒋显春为首的各军将官依次正襟危坐于祭台下，一排大海碗斟满酒浆。

葛云飞抚摸着腰间的佩刀，放眼环视战斗了5天的将士，只觉得热血沸腾。他们将跟着自己把一腔碧血洒在海疆。他那握着刀柄的手，竟微微颤动起来，眼眶也不禁渐渐湿润，不由想起自己谒宁波月湖张苍水祠的留诗："尺土已非明社稷，孤臣犹拥汉旌旗，回天赤手功难济，贯日精诚志不移。"当年张苍水明知不可为而为之，坚持反清复明，直至兵败，杀身成仁，眼前，葛云飞明知孤城难保，也要与英寇血战到底！

葛云飞大喝一声："把汉奸押上来！"一个被五花大绑的人，被士兵押解出来。广场上的乡民个个怒气冲天，挥舞着拳头高喊："打死他！"被五花大绑的人耷拉着脑袋，浑身发抖，站立不住，由2名士兵架着。这个人，就是民愤极大的汉奸杨阿三。

葛云飞在台上放开洪钟般的嗓音说："为保卫社稷，不少忠义之士为国捐躯，而逆贼杨阿三身为大清臣民，不思报国，反而勾结英夷，卖国求荣。今天，当杀奸贼以慰英烈！"

葛云飞说到这里，场上鸦雀无声，将士神色凛然。他把大手一挥，喝道："开刀祭旗！"兵士将杨阿三提到大纛旗前跪下，大刀落处，一颗头颅滚落地上。

用血祭旗毕。葛云飞高高地端起海碗，大声喊道："养兵千日，用兵一时，为国捐躯，是军人的本分。葛某誓与定海城共存亡，不离定海半步，兄弟们喝了这碗酒对天盟誓吧！"游击张绍廷大声吼道："誓死保卫定海！""拼！拼！拼！"外委武英太挥着胳膊说，"拼一个够本，拼两个赚一个"。将士们一齐举起海碗将酒倒进热血翻滚的体内。"誓与定海共存亡，与葛大人同生死！"将士们齐声呼喊。誓言，震撼东岳山，激荡着东海万顷波涛。

第七章　保卫定海　血洒海疆

一、罪恶的雾

走下祭台的葛云飞，在淡淡的月光之下沿着土城巡视。

一处炮台被火把照亮，葛云飞上前一看，原来士兵们正在挖土抬石，修建白天被敌人炮火炸坏的炮台。夜里比较凉，士兵们却满身汗水。葛云飞心头一热，也加入了修炮台的行列。

大洋深处，卷来了灰黑色的浓雾。它吞噬着海面上的一重重岛影，沿着海岸，铺天盖地向定海城压来，顷刻便填满了周围的一切空间。

葛云飞警觉地想到英军可能在浓雾的掩盖下发起进攻。他传令土城、震远炮城、东港浦阵地上的士兵，注意敌人的动向，又派亲兵去晓峰岭和竹山门，告诉王锡朋和郑国鸿在浓雾中要格外警惕。

浓雾果然带来了一场大规模战争。

璞鼎查主持召开的作战会议已经进行了半个多时辰。远征军总司令巴尔克借着灯光，仔细地查看着已经皱皱巴巴的定海地图。各路指挥官都在等待着他的发言。璞鼎查也在耐心地等待着将领们发表意见。

巴尔克放下了地图说："根据侦察获得的情报，敌人的火力全部集中在沿岸一线，而且炮眼的前方不向两侧扩大，其炮眼开口处的宽度只能使炮的射击线往左右移动5度，完全忽视了从背后保卫两侧和封锁每一个可能登陆的地点。我们的步兵只要避免与敌人正面作战，采取兜击的战术先行占领敌人的后侧，使那些固定的火炮失去作用，敌人的防线便不攻而破……"

进攻定海已经5天了，再攻不下，可有失大英帝国的威风！

作战会议还没有结束，璞鼎查便接到报告：从厦门调援的军舰到了！璞鼎查对这次占领定海的行动，始终不敢大意。头两天进攻受阻后，他连忙调兵遣将，把驻扎在鼓浪屿等地的英军也调来参加战斗，兵力增至4000人以上。

作战会议结束，璞鼎查和巴尔克双双走上甲板。

“看，看锚地的灯光！”巴尔克突然叫喊起来。锚地的灯光，不知什么时候看不清了，仔细寻觅才能找到比萤火虫还细的模模糊糊的一点浑黄。“哦，雾！海上起雾了！”璞鼎查和巴尔克不约而同地惊叫着。巴尔克高兴地说：“海上起雾，正是隐蔽我们进攻的好时机！”“明天拂晓前发起总攻！”璞鼎查下达了命令。

在大雾的掩蔽下，英军连夜展开紧张的军事行动。几艘英军战舰驶到定海城南水域抛了锚，整理好步兵登陆乘坐的舢板，五奎山岛上的英军炮队做好炮击东岳山震远炮城的准备。“伯兰汉”号、“响尾蛇”号、“复仇神”号悄悄地开到晓峰岭下的海面，尽可能地靠近海滩，全面做好攻击准备。

天还没有大亮，英军便发起了进攻。

在舰炮和五奎山炮队炮火的掩护下，步兵分成两个纵队强行登陆。第一纵队约有1500人，由英军第五十五团、十八团组成，向晓峰岭发起进攻。他们带着来复枪、炮和挖掘器。一路在道头港以西至竹山一带上岸，牵制清军正面的兵力；另一路在塔山海滩北面海上利用舢板登陆，从后山攻击晓峰岭，袭取通向定海城的一条险道。在敌军密集的炮火下，王锡朋部大多数官兵英勇牺牲，晓峰岭首先失守。接着，英军又从晓峰岭兵分两路，一路从山顶东下，兜击定海城；另路沿山脊南下，进攻竹山门。英军第二纵队由第四十九团、水兵和海员组成，乘战舰“摩底士底”号及火轮“皇后”号进攻东港浦，并轰击东岳山炮台。

竹山门和东港浦一旦被英军占领，英军将从竹山门沿着土城，逼近东岳山，与停泊在东港浦的军舰及五奎山炮队，三面夹攻东岳山炮台。东岳山炮台一失守，英军将直接攻打定海城南门，与兜击西门的部队两面夹攻……

定海全线告急！

二、壮哉！三总兵

尽管，失败已成定局，但是，我们仍然可以看到5000多名定海守军，尤其是葛云飞、郑国鸿、王锡朋三总兵顽强战斗，宁死不屈，流尽了最后一滴血。

英军的舢板驶抵西山头的北面海岸，镇守晓峰岭的寿春兵在王锡朋的率领下，对敌进行了顽强的阻击。史载：“寿春天下雄师，骁勇善战。”但是英军不断投入后续部队，加上清军逆风射击，火枪难以发挥其杀伤作用，英军遂得以登陆。英军从广东和福建沿海一带收买的那些亡命之徒，穿着黑衣黑裤，拿着洋枪，在英军指挥官的督战下，冲在最前面，领着英军直扑晓峰岭。晓峰岭上没有大炮，王锡朋领兵用抬炮、火绳枪 9 次击退敌人的冲锋，直打得“抬炮至于红透不能装打，犹舍命死战”。战斗一直从早上相持到下午 2 点多。这时，英军登陆的兵力已达 1000 多人，晓峰岭陷入敌人重重包围之中。危急时刻，总兵王锡朋对将士喊道：“为国尽忠的时候到了，杀吧！”他身先士卒率队冲出工事反击，他们的火绳枪和抬枪的火光使满山像燃火一样。反击的清兵一直冲到肉搏距离，举起大刀、长矛同敌短兵相接，杀死、杀伤敌官兵 40 余人。有一名士兵被敌人子弹击穿小肚，摇摇晃晃倒下时，还用长矛刺死一名扑过来的英兵。王锡朋独挥短刀陷阵，左冲右突，手刃数人。不料，英军的一发炮弹打来，王锡朋被炸断一条腿，之后壮烈牺牲。激战了 6 天的英兵个个像发狂的野兽，瞪着血红的眼珠，咆哮着冲上来，将恶气出在清军将领的遗体上，乱刺乱劈，王锡朋的遗体惨不忍睹。晓峰岭上涌起血雨腥风。

占领晓峰岭的英军沿山脊南下，进攻竹山门。枪林弹雨之中，年逾花甲的郑国鸿率部顽强抵抗。自从敌舰初犯竹山门以来，这里便炮声不断。英军第一次炮击，便消耗炮弹三四百发，竹山门千疮百孔。连日雨中炮战，士兵往来于泥淖之中，已经极度疲劳。英军炮击竹山门并派兵登陆，郑国鸿率部与之血战。在抬炮打红难以坚持的情况下，有人劝他撤到晓峰岭，和王锡朋、葛云飞两军一起御敌。他说："竹山不守，晓峰乌能自存，武臣致命疆场，分也。"就这样，郑国鸿率部英勇还击，打退了英军的进攻，竹山门岿然不动。

1841年10月1日，定海竹山信号塔(烽火台)争夺战图

这时，从竹山门一带登陆的英军第五十五团集结以后，排成纵队向前面的高地攻击前进。英军海军上尉约翰·奥塞隆尼对这次战斗这样描述："在部队接近山顶时，火力激烈起来，不久，清军向通往定海的低谷处溃退，战场上留下了大量死伤人员以及他们的大炮、帐篷等材

料。第五十五步兵团在进攻时受到了一些损失。刚从士兵中提拔为军官的恩辛·杜尔值扛着第五十五团的军旗，他是在举着旗差不多快登上山顶时被打死的……”

在抗击英军进攻的激战中，总兵郑国鸿率领一支部队冲入敌阵，奋勇拼杀，所向披靡，砍死、砍伤敌人官兵20余人。战斗持续了很长时间，敌人南北夹攻，围之数重，清军寡不敌众。正当郑国鸿与英军搏斗时，从背后飞来一颗子弹，洞穿他的胸膛，郑国鸿壮烈牺牲，竹山门失守。

历史记住了与王锡朋、郑国鸿两位总兵并肩战斗的将士，他们是武举朱汇源，差官吕林环，外委刘桂五、夏敏忠、张魅平、金钟，游击托云保，守备李耀海，千总洪武琮，把总胡大纯、蔡步高，还有数千名倒在地上的普通士兵，没有留下姓名。守卫国土而流尽最后一滴血的英烈们千载万世永垂不朽！

大雾慢慢散去，东港浦展开了一场激烈的拼搏。

张绍廷率领100余名清兵与冲上岸来的英军第二纵队血战。他目喷怒火，声如洪钟向士兵喊道：“与‘红毛鬼’血拼的日子到了，杀！”他猛地跳出工事，一刀砍死了一名冲过来的英兵，并说：“哈，我以为英兵是三头六臂，生铁铸的，石头雕的，不料也是软豆腐！”他舞刀乱砍乱杀，接连劈倒了几名英兵，正杀在兴头上，冷不防旁边一名英兵举枪射击，一颗子弹打穿了他的胸膛。张绍廷倒在地上。东港浦失守。

葛云飞登上东岳山炮台观察海上动静。他依然是一身戴孝装束：头裹黑布，身穿麻布衣袍，脚蹬铁齿靴。海上大雾迷茫，什么也看不见，忽然间几声鸥鸣，引起葛云飞的警觉。他斜倚在一堵矮墙上，侧耳倾听，忽闻风帆之声，判断敌船已经靠近，立即指挥将士严阵以待。不一会儿，英舰在雾中闪现，葛云飞立即下令开炮。企图借大雾靠近海岸直接轰击东岳山炮台和定海土城的英军舰船，在猛烈的炮火下受到损失，不得不逃离后退。

英军第二纵队攻占东港浦以后，停泊在东港浦海面的军舰同五奎山炮队一起炮轰东岳山炮台。葛云飞率部进行回击。守备陆昌言衣服着火了，也顾不得扑一下，全力指挥炮手装弹开炮。千总蒋显春被炸出了肠子，一咬牙，塞进肚里，缚上一条带子，继续点火开炮。

葛云飞心中似有一团烈火在燃烧。他从泥土中拔起一门炮，推上炮座，校准炮位，点燃火绳，轰的一声，炮弹飞向英兵一艘舢板，闪起一团火光，几个英兵翻滚在浪花里。

上下一心，同仇敌忾，迎击敌人。大炮被轰翻了，又重新扶起，炮架倒了，用肩膀扛起来。尽管清军用的炮比敌人差得多，但在葛云飞指挥下，还是持久激烈地与敌人展开炮战。

下午，攻占竹山门的英军，沿着土城攻打过来，企图与东港浦和五奎山构成三面夹攻，一举攻陷东岳山炮台。东岳山炮台武器装备比较好，工事也比较坚固，朝海那面的炮台，装备18门火炮，其中有装在旋转炮架上的4门铜炮；除了铁枪之外，还有铜长枪和许多装在老虎架上的抬枪。英军为了避开正面炮火，一面以东港浦的舰炮和五奎山的炮队进行火力牵制，一面令攻占竹山门的步兵沿着土城从侧翼夹击东岳山。东岳山炮台构筑时只着眼正面防御，忽视了侧后的安全，大部分火炮固定在正面方向上，加上炮眼狭窄，火炮机动角度很小。当英军从侧翼进攻时，火炮失去了作用，葛云飞只能率部持刀械从土城向西反攻。

这时，天正下着雨，土城又是一片泥淖。敌我双方在土城中段即将遭遇时，葛云飞指挥土城守军把火炮掉过头来，向西面敌人迎击。不料炮身陷在泥淖里，怎么也转不动。葛云飞亲自带领士兵，喊着号子硬是把一门4000斤大炮调转方向，亲自发炮杀敌。无奈，孤炮力单难以奏效。葛云飞举目望去，敌人黑压压一片，径直冲杀过来。

“势去矣！”葛云飞不由长叹一声。

葛云飞决心以死报国。他当即从怀中取出一枚敕印与一封手札交给外委武英太说："外委年轻有为，是国家有用之材，赶快突围。此朝廷物也，毋辱贼手，可为我交大营，并请趁逆未集，发兵剿灭。某死有知，当为厉鬼相助。稍缓，逆守御一固，便费事矣！"说罢，令武英太火速离去。

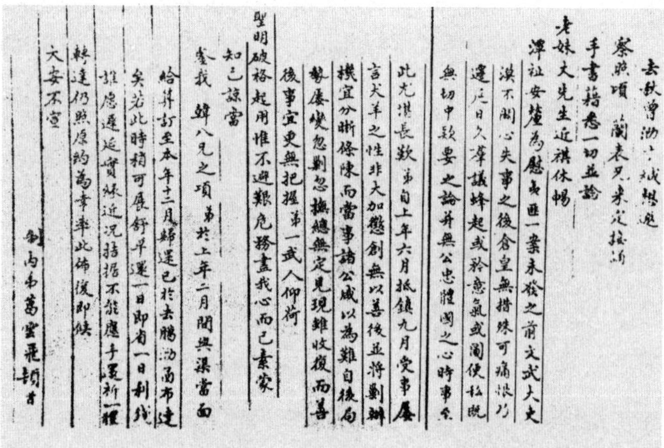
去秋曾渤□□戚□逸
察照頃 蘭表兄來定接到
手書藉悉一切並諭
老妹丈先生近祺休暢
渾社安釐為慰而匪一案未發之前文武大吏
洪不關心失事之後倉皇無措殊可痛恨乃
遷延日久羣議蜂起或矜意氣或圖便私既
無切中款要之論并無公忠體國之心時事至
此尤堪長歎弟自上年六月抵鎮九月受事屢
言犬羊之性非大加懲創無以善後並將剿辦
機宜分晰條陳而當事諸公咸以為難自後局
勢屢變忽剿忽撫總無定見現雖收復而善
後事宜更無把握弟一武人仰荷
聖明破格起用惟不避艱危務盡我心而已素家
知己諒當
鑒我 舜八兄之項弟於上年二月間與渠當面
給并訂至本年十二月歸還已於去臘渤函布達
矣若此時稍可展舒早還一日即省一日利錢
誰思邇延實緣近況拮据不能應手還祈一種
轉達仍照原約為幸率此佈復即頌
大安不宣
制內弟葛雲飛頓首

定海镇总兵葛云飞手札

武英太跪下垂泪道："葛大人，你另派人吧，卑职甘愿与你共生死！"葛云飞猛喝一声"还不快走！"后，一边振臂高呼"好汉们，跟我杀贼去"，一边向敌人猛扑过去。

武英太望着葛云飞冲向敌阵的背影，热泪盈眶，刚欲跨马上路，只见葛以敦从一旁奔来，武英太急忙迎上去把敕印与手札往葛以敦手中一塞说："葛大人命你速去镇海大营，把此物交给裕谦总督，小将军善自保重！"

说完，武英太便追上葛云飞杀入敌阵。

葛云飞率领200名亲兵，在敌阵中左冲右突。这时，英军一个头目持绿旗冲杀过来。葛云飞举起大刀劈去，将其劈成两段，由于用力过猛，大刀折断，便抽出"昭勇""成忠"两把佩刀，继续砍杀前进，一路血花迸溅，斩敌多人。他身边的亲兵都被冲散了，周围全是那些红头发、蓝眼睛的英兵，张牙舞爪地向他扑来。他怒火冲天，拼力劈杀。鲜血染透战衣。他正抬头登山，突然被枪弹打中一眼，接着，又被一旁闪出的英兵刀伤颜面。顿时，脸上鲜血淋漓，但他仍不弃刀，仗着左目一线光亮，用左手里的"昭勇"飞刀刺杀那个偷袭的英兵。最后，葛云飞被一发炮弹从背后洞穿前胸，血如井喷，鲜血染红了他一身战袍。他依然趔趔趄趄苦撑不倒，倚在岩石上，脚下踏着血泊，双目全被血掩盖。他没有来得及再望一眼火光冲天的定海城，长叹一声气绝而亡。

一个曾参加过这次战斗的英军头目，感慨地说："好男子，真勇敢呀，半边头已破，还发疯似的追我……"葛云飞牺牲时的情景，史料多是这样的记载："身犹直立不仆，手擎刀作杀敌状。"

萧山葛云飞墓

最典型的描述，莫过于《葛壮节公墓表》中这段话："一酋以抬炮逆击，铅丸洞公背，自胸出，穴巨如碗，公遂立竹山门崖石而卒。尸植不仆，手擎刀作杀状，左目炯如生，久之，贼乃敢谛视，叹诧。"被炮弹洞穿前胸，他仍能擎刀不仆，这种描述，是出于对英雄的敬佩。是喋血仆地，还是擎刀不仆，这不要紧。人们崇敬颂扬的，是三总兵大义凛然、不屈不挠的民族精神！

有首定海民谣深情地歌颂了葛云飞的英雄气概：

那年定海起狼烟，苦雨中秋夜放晴。
烽火炽烈燃海涛，月光凄凉照古城。

英雄济国身躯裂，宝刀杀敌铁臂擎。

碧血激起千层浪，豪气如虹天地惊。

三、血 旗

血战而败，胜于怯而不战。

定海保卫战最终失败。但是中国军民不畏强敌，英勇战斗，前仆后继，洒尽热血。葛云飞等三总兵是这样，他们的部将、士兵也是这样。为了民族的利益，为了神圣的国土，他们同敌人展开了一场惊天地、泣鬼神的血战。

定海竹山抗英阵亡将士墓

作为胜利者的英军，不少参战者记录下这血与火的时刻。在宣扬自己胜利的同时，他们也不得不承认对手的英勇和顽强。英军海军上尉亚历山大·默里，作为参战者，在长篇的记述中，有意无意地为我们展现了定海守军浴血奋战的动人场面：

中国人一发现我们，就用我们的老朋友“烟枪”向我们开火。他们打得很猛，装弹、发射都十分迅速。尽管他们从未击中过我们，但他们打得很棒，因为炮弹就落在我们附近……

战斗中，中国人表现得非常出色。他们来到山顶，挥动双臂，招呼我们过去。其中一个士兵以他的勇敢和冷静而特别引人注意。他来到山前，站在那里，在头顶挥舞着一面红旗。尽管“巡洋”号、“哥伦拜恩”号和“弗莱吉森”号的炮火十分猛烈，一些子弹扬起他脚下的尘土，他也未退缩半步，还是不停地向我们挑战。直到“弗莱吉森”号一发 32 磅重的炮弹把他击倒，人被炸成了两半……另一个人赶紧取其位而代之，其命运和他一样……

……我们向右前进，首先进入树林里敌人

的一个小营地，它通往那条漫长的防线。在这里，战斗中有不少人伤亡，因为中国人防守十分严密。一个戴着白色徽章的中国军官站在一棵树后，我从他面前走过，并没有发现他。听到有脚步声，我回过头去，看见他用矛刺伤了我们一名特遣队员的胸部。然后，这位军官走上前去，摘下他的军帽。我们特遣队的另一个人走上来用刺刀向他刺去，但刺刀被他用火铳使劲地打掉了，然而，他却被另一颗子弹击倒……

我清理周围房子和帐篷的时候，掷弹兵和五连继续朝炮台方向前进，并与敌人展开了激烈的交战。中国人防守严密，即使在被打退之后，他们又重整旗鼓，继续冲锋。一个中国军官举着长矛朝指挥掷弹兵的威格斯顿上尉冲来。他们接近到了我提到过的那种"烟枪"时，威格斯顿上尉拔出手枪，将他击毙。他的官衔很高，有一颗红徽章。

另有一位中国将领及其他八九个人在这里被打死。他们打得很顽强，事实上，他们是这位清朝将领的随从。那里有一支裂开的枪，威格斯顿上尉告诉我，当他去拾那支枪时，枪管烫得

> 他几乎拿不住。它是16支长枪中的一支，用铜铸造。

英军另一名参战者海军上尉约翰·奥塞隆尼在记述这场战争时写道：

> 然而在右面，我们遇到了一些抵抗。第十八团和皇家海军受到了一些损失。与几支中国部队激烈地交战了几次，在整个防线被扫清和东岳山要塞被攻克之前，中国军队一次又一次在土城上重整队伍，对那些追赶者进行坚决的、不屈不挠的还击。

最后一刻，清兵与英军搏杀的悲壮场景天地为之动容！外委武英太举起一面血旗登高大呼："站过来，与'红毛鬼'血拼吧！"旗下，又聚集二三十人。武英太将血旗交给一名士兵后，奋勇杀入敌阵，一连砍倒了五六名英兵。可是英兵越聚越多，他左冲右突，就是无法挨近葛云飞，心中焦急万分。忽然，他觉得背后冷风扑来，来刀砍断了他的左臂。他一声怒吼，转身一刀砍死那名英兵，不料另一名英兵举枪射击，子弹打穿他的胸部，武英太大叫一声

“葛大人!”,睁着眼睛摇摇晃晃地倒在地上。武英太倒下了,又一名士兵高高地举起召唤战友的血旗,旗下又重新集结一支队伍杀向敌人,倒在英军雨点般的枪弹下。

一面面血旗飘展,一次次惊心动魄地搏杀。

鸦片战争爆发157年后的秋天,潜心研究鸦片战争的英国作家普乐士来到舟山,指着陈列在舟山鸦片战争纪念馆内一面仿制的清军战旗激动地说:“现在有一面真正的清军战旗存放在英国的一个教堂里,那是当年清军守卫定海的战旗。”

在仿制的清军战旗前,普乐士讲述着一个真实的故事:在1841年9月那场惨烈的定海保卫战中,有个20多岁的英国军官,冲入清军阵地夺取战旗,被当场打死。英军攻入定海后,把这面战旗拿回英国,在这个军官家乡的一个教堂内陈列起来。普乐士表示会想办法把这面清军战旗送到舟山来。

我们想,这面战旗,也一定是血旗!

英军虽然占领了定海,但也付出了沉重的代价。据清方奏报:“剿杀‘逆夷’一千数百名。”这个数字不一定确切,但如与在定海东岳山麓发现的一座英军合葬墓碑文“悼念皇家五十五团伍长及军鼓手13名、士兵403名,死于舟山”互相印证,清军杀死英军人数居于鸦片战争历次战役之首，当无疑义。参加定海作战的除英军第五十五团外，还有第四十九、十八步兵团，以及马德拉斯炮兵、水兵、海员等，他们同样遭到重创，将这些伤亡数字加在一起，英军伤亡近千人。

定海东岳山脚下的"大英水陆将士墓园"

据裕谦奏报，此战后6天，镇海只收集定海幸存官兵三四百人，除少部分潜藏定海外。据此推算，定海之战中清军数千将士牺牲了，是鸦片战争中清军伤亡最多的。这种为保家卫国、反抗侵略的英勇牺牲精神，永远值得继承和发扬。

定海陷落，与葛云飞共患难，筹粮劳军，救死扶伤，多日衣不解带的定海知县舒恭受服毒殉国。

四、遗体过海

定海港火光冲天、杀声动地之时，徐保与黑水党弟兄已登上晓峰岭。

战场上，硝烟已经散尽，一些伤兵因得不到及时救治，流尽了最后一滴血。地面上的遗体横七竖八，徐保和黑水党弟兄都被眼前死难者铮铮铁骨、凛然之气所震撼。

一具具遗体咬牙瞪目，露出一脸怒气，毫无一点惧容，还保留着各种各样的姿势：有用铁枪支着身体的；有擎着股叉刺向前方的；有拉着弓搭上箭的；还有一名清兵，他手里还紧握着一支长矛，矛尖上沾满了敌人的脑浆，在他的身旁鲜血流了一地；另一名清兵，嘴里还衔着敌人的半截手指……一把把锯齿形缺口的刀上，闪耀着民族不屈的灵魂。

搜寻王锡朋遗体的黑水党弟兄登上晓峰岭，听人说王锡朋在战斗中被英兵大炮炸掉了一条腿，便一个一个去找，可翻遍了周围阵亡的清兵湿漉漉的遗体，就是没有发现。

另一批搜寻者从岩崖悄悄爬上竹山，找着，找着，忽听一位兄弟轻声地喊:“嗨,在这里呢!”大家轻轻地跳过去一瞧,见一位白发老将右手紧握着战刀,血浆染红了胸前的战衣,倒在沟壑里,正是处州镇总兵郑国鸿。扳开僵冷的手指,将那柄战刀抽出来,然后,一位兄弟背上郑国鸿遗体,小心谨慎地上了船。

徐保与另一位兄弟找到了葛云飞将军的遗体,哭拜:“葛大人,小人徐保,背大人渡海治伤去。”

在徐保与黑水党弟兄寻觅葛云飞等三总兵遗体的那晚,还有一支队伍也忙碌着,凭借丛林、岩石和夜幕的掩护,定海县职员张光瑞带领一批义士把许多昏迷中的伤兵,用船运向曹江大营,并对亡尸进行了辨认和掩埋处理。黑水党弟兄寻找未果的王锡朋的遗体被张光瑞找到了,至曹江大营后,王锡朋长子王承泗确认了遗体,之后扶柩回籍。

当夜,黑水党弟兄载着葛云飞和郑国鸿的遗体,连夜偷渡。

10 月 2 日上午 8 时左右,船抵镇海。裕谦率同文武官员亲至船中迎接,见了葛云飞、郑国鸿遗体,无不潸然泪下。

裕谦召集镇海的全体官兵在招宝山举行隆重祭祀定海殉难三总兵仪式。同时,为了激励镇海守军的意志,在关帝庙举行了誓师大会。

“城存俱存，城亡俱亡！”大浃江口响起铿锵的誓言。

定海三忠祠内葛云飞、王锡朋、郑国鸿三总兵塑像

老百姓也以自己的方式悼念他们心目中的英雄，镇海数千人罢市哭奠。乡绅、妇女乃至挑夫、小贩，莫不奔走哭告。

葛云飞的遗体被送到山头埠。葛夫人一见，悲痛昏厥，久久才苏醒过来，为葛云飞洗身换衣。张太夫人扶着葛云飞遗体的肩膀，泪涌如泉，连声喊：“我有好儿子啊！”张太夫人轻柔地抚摸着儿子半边额头的伤口，轻声地说：

萧山葛云飞墓道牌坊

“云飞啊，你一年多没回家了，娘也多年没给你洗脸了，我给你再洗一次脸吧！……”边说边用湿毛巾细细地擦拭着云飞脸上的血迹，俯首将脸贴着云飞的面颊，止不住的泪水湿透了衣襟。

葛云飞与郑国鸿、王锡朋的遗体一夜间不翼而飞，眼皮底下竟有人这般大胆行动，定海英军的心头不禁隐隐地萌生了寒意。

葛云飞等三总兵和所率将士血洒疆场所显示的中国人民不可欺侮、中华疆土不可侵犯的浩然正气和伟大的民族精神，激励着定海及全国人民不屈地斗争。

道光二十二年四月二十九(1842 年 6 月 7 日)，定海

36 岙民众齐集神庙，歃血为盟，对天立誓，为抗击侵占定海英军发布了著名的《定海县民人告白》，部分内容如下：

> 务须协力同心，逢人有即杀，见船无备遂烧。虽曰我弱彼强，无如彼寡我众。彼不可以一日无备，我正可以相时而动；彼不可以一步不移，我又可以随地行事。一次无成，二次再举；水战不胜，陆战再图；明不得手，暗可施谋。或放虫下毒，或挟刀行刺。使彼有防所不及防，备有不能备。以彼数万里深入之孤军，与我数十岙土著之众庶，为仇杀一人，即少一人，烧一船，即无一船。将见其有尽之人船，立见消亡于不觉。

这份长达 2000 余字的《定海县民人告白》既是战斗檄文，又是出色的军事著作。它透彻地分析了敌我双方特点，主张以己之长，克敌之短，闪耀着用全民战斗来消灭敌人的光辉思想，号召定海全体民众行动起来，齐心抗击英军。《定海县民人告白》体现了定海民众不畏强暴的刚强品质。

英国军官宾汉所著《英军在华作战记》中写道：“直到

战争结束，我们除城内和沿海一边的城郊以外，很难说是确实占领了。如果没有强大的部队护送，我们出东门，就会在东门外丧生，出西门，就会在西门外被捉，许多士兵就是因为这样被杀死了……”

定海人民抗英战斗比广东三元里早半年多，大规模的群众歼敌行动使侵略者惊恐不安。

定海民众在水井里投毒下药以及活捉汉奸买办布定邦等人场景

舟山是南来北往的海上通道，出于政治、军事、商业等多方面的考虑，英国人本意是想占领舟山，但是由于留守舟山英军陷入民众抗英的汪洋之中等不利因素，英国人只好放弃了舟山。

五、雪耻，还待后来人

正当定海民众纷纷揭竿而起，前仆后继，抗击侵略者，定海的英军士气一天比一天低落，日子一天比一天难熬之时，清廷的腰却软了，并且再也直不起来了。

1841 年 10 月 10 日上午，英军只用半天时间便攻占了镇海。13 日，宁波沦陷。次年 5 月 18 日，英军占领海疆重镇乍浦。6 月 16 日，英军进攻吴淞，吴淞失守。6 月 19 日，英军进犯上海，上海陷落。7 月 21 日，英军攻打镇江，镇江失陷。这几拳把清廷打得头昏眼花，道光皇帝的膝盖瑟瑟发抖。

1842 年 8 月 29 日，耆英、伊里布、牛鉴等钦差大臣，登上锚泊于南京下关的“皋华丽”号英舰，用颤抖的毛笔签署了结束第一次鸦片战争的《南京条约》，其主要内容为:第一，割让香港岛。第二，向英国赔偿鸦片烟价、商欠、军费共 2100 万银圆。第三，五口通商，开放广州、福州、厦门、宁波、上海五处为通商口岸，允许英国人居住并设派领事。第四，中国进出口税率由中英双方共同议定，不得随意变更。第五，废除公行制度，准许英商在华自由贸易等。这是中国近代史上第一个不平等条约。

中国人揪心，璞鼎查开心！

璞鼎查瞧着条约上自己的英文签名和大清王朝三位钦差大臣鲜红的朱砂关防，得意地笑了。

他早就听说南京很好玩，便邀请清朝官员一起游览了石头城、钟山，还去南京聚宝门外的大报恩寺观光。寺内的琉璃宝塔引起了璞鼎查极大的兴趣。他与马礼逊等攀上塔顶，扒琉璃瓦，说："带几块回国，将它们献给大英博物馆，这可是价值连城的战利品啊！"清朝官员竭力阻止："不可以，不可以！""拿你几块破瓦片，有什么不可以？"璞鼎查说。

琉璃瓦，终于进了伦敦大英博物馆。

1846 年 1 月 22 日，清政府向英国付清全部战争赔款后，按照《南京条约》规定，英国应即归还其占据的舟山。此时，英方横生枝节，竟无理提出以进入广州城作为归还舟山的前提条件。

1846 年 3 月，英、法、美公使宣布暂时推迟进入广州城。此时，英国政府眼看舟山这么好的地方要交还给大清国，极不甘心。于是，英国强行要求大清国答应一个附加条件，即退还舟山要签订一份条约。无奈，4 月 4 日，两广总督耆英与英使德庇时签订了中英《退还舟山条约》。规定："英军退还舟山后，大皇帝永不以舟山等岛给予他国。舟山等岛若受他国侵伐，英国应为保护无虞。”这是中国近代史上第一个关于势力范围的条约。

1846 年 7 月 25 日，英军从舟山全部退出。

第八章　浩然正气　天地长存

这是一段泣血的历史。

在竹山门岩壁，依稀见葛云飞仍倚石而立，手中擎着腰刀，目光炯炯，圆睁的眼睛里含着多少有心杀敌、无力回天的悲愤……

来到山巅三总兵纪念广场，葛云飞、郑国鸿、王锡朋的雕像和三柄直刺云天的石剑，似一股贯穿霄汉的英雄气回荡于天地之间。

葛云飞等三总兵与5000多士卒谱写的定海抗英保卫战这页悲壮的历史，使舟山平添了几分刚毅与威武，成为当之无愧的历史名城。

主战场晓峰岭上的舟山鸦片战争纪念馆展示着180年前西方的坚船利炮轰击定海的情景，这让我们深思：我们这个最早发明火药制造术的国家，士兵们怎么挥舞着老祖宗传下来的刀、矛、弓箭等冷兵器和抬炮、鸟枪、火铳与英军洋枪、洋炮对抗？兵器比人家整整落后了一个

三总兵纪念广场雕像

时代！

“落后就要挨打！”定海保卫战这一仗，打痛了每一颗中国心。这是一次中华原始农业文明同近代工业文明之间的力量交锋，军事惨败成了古老的中华文明即将转型的第一发信号，同时也是中国军事现代化新生儿出世前母体发出的第一声惨烈的呻吟。

舟山鸦片战争纪念馆

如今，定海港海面上停泊着我人民海军一艘艘威武的舰艇，这是对180年前那些为了保卫国家而长眠地下的将士们最大的安慰！在中国人民解放军海军成立60周年纪念活动之际，14个国家的21艘海军舰艇齐聚中国青岛，毋庸置疑，中国已经成为维护世界和平的中坚力量！中国军事已扭转宿命里的自卑，向信息化战争时代迈进。

“四万万人齐蹈厉，同心同德一戎衣。”中华民族上下求索、从不屈服，不断奋起抗争，用生命和鲜血谱写了抵

共和国百名将军为舟山鸦片战争遗址公园、舟山鸦片战争纪念馆题碑

御外侮的伟大篇章。葛云飞就是抵御外侮中的一位英雄豪杰！

“人间长存英雄气”，正是因为历代有了葛云飞这样的先烈，神州大地才有了永远的勃勃生机！

参考书目

1. 王辅一、朱清泽主编:《古代将帅治军趣闻录》,军事科学出版社 1987 年 9 月版。

2. [清]王之春著,赵春晨点校:《清朝柔远记》,中华书局 1989 年 6 月版。

3. 王兆春著:《中国火器史》,军事科学出版社 1991 年 3 月版。

4. 中国第一历史档案馆、中共舟山市委宣传部、舟山市社会科学联合会、舟山市档案局编:《鸦片战争在舟山史料选编》,浙江人民出版社 1992 年 2 月版。

5. 麦天枢、王先明:《昨天——中英鸦片战争纪实》,人民文学出版社 1992 年 7 月版。

6. 舟山市地方志编纂委员会编:《舟山市志》,浙江人民出版社 1992 年 8 月版。

7. [法]阿兰·佩雷菲特著,王国卿、毛凤支、谷昕等译:《停滞的帝国——两个世界的撞击》,生活·读书·新知三联书店 1993 年 5 月版。

8. 张铁牛、高晓星著:《中国古代海军史》,八一出版社 1993 年 10 月版。

9. 茅海建著:《天朝的崩溃——鸦片战争再研究》,生活·读书·新知三联书店1995年4月版。

10. 萧致治主编:《鸦片战争史》,福建人民出版社1996年12月版。

11. 阎受鹏著:《海天英魂——葛云飞传记》,中国文史出版社2010年12月版。

12. 王和平、王琦编著:《风云定海——鸦片战争在舟山》,中国文史出版社2015年6月版。

13. 王和平编著:《国门洞开:鸦片战争爆发地——定海》,中国文史出版社2019年9月版。

14. 王和平主编:《鸦片战争在浙江舟山研究文集》,中国文史出版社2020年1月版。